あなたの老後、もうありません！

浅井隆

第二海援隊

プロローグ

「年金」「医療」「介護」が次々と崩壊していく!!

国の借金が天文学的数字に達する中、若者の数はどんどん減り、介護をする人ももういない。しかし、老人の数だけは確実に増えていく。もはや、どう計算してもどんなマジックを使おうとも、あなたの老後そのものが消滅するのは間違いない。

その理由も明白で、この国には長期の国家戦略というものがまったく存在せず、目の前の問題を追いかけるのみで、数十年後の自分たちの老後のことなど誰も考えて来なかったためである。アベノミクスも今のところは一見うまくいっているが、一皮むけば日銀が大量の国債を買い占め、円安に誘導してきたから一時的に一部の大企業が好決算を出しているというだけのことに過ぎない。

この麻薬が効かなくなった時、老後消滅の幕が開く。

二〇二五年までに私たちの老後維持のための命綱とも言うべき「年金」「医

療」「介護」が次々と崩壊していくことだろう。そうなると、二一世紀版〝姥捨て山〟の登場だ。その時、この日本列島上に大量の老後難民が発生する。
しかし、絶望する必要はない。今すぐ手を打てば、あなたの老後は光輝くものとなるはずだ。その具体的ノウハウについては、第七章にすべて書いてある。座して死を待つか、今立って確固たる未来を手に入れるか。それこそ本書の使い方次第で、あなたの人生はまったく違ったものとなるだろう。

浅井　隆

二〇一六年三月吉日

目次

あなたの老後、もうありません！

プロローグ

「年金」「医療」「介護」が次々と崩壊していく‼　2

第一章　年金は本当にいくらもらえるのか

加入者の半数以上が保険料未払いの国民年金　12
国民年金はサラリーマンが支えている　15
誤算続きの年金財政　18
安心できない「一〇〇年安心プラン」　21
すでに取り崩しが進む年金積立金　26
虎の子の年金積立金をハイリスクで運用　29
実際の公的年金の受給状況　32
年金は一体いくらもらえるのか？　34

シナリオ①「通常シナリオ」　34
シナリオ②「国家破産シナリオ」　36

第二章　介護なんて、そもそも無理

あなたを待ちうける「介護暗黒の時代」　42
受けられても地獄、受けられなくても地獄　50
貧困、うつ病、自殺……介護を巡る壮絶な負のスパイラル　55
「家族依存型福祉」の限界　60
認知症患者一〇〇〇万人という現実　65

第三章　病院へ行けなくなる日

医療機関が崩壊の瀬戸際にある　78
高齢者優遇の医療が医療崩壊を助長する　84
不足する首都圏の医師　88

第四章　行き場のない老後難民の大発生

超高齢化した社会のシミュレーション　96
「一億総貧乏化計画」　97
はびこる厭世気分　101
姥捨て山――介護の崩壊　106
「巨大火葬場事件」――医療の崩壊　113
貧困か死か――年金崩壊　119
老いと孤独と死と　125
荒ぶる老人たち、断絶する若者たち　133
長生きは罪なのか　144
「国家的姥捨て山計画」の恐怖　149

第五章　国家破産で老人を支える仕組みすべてが崩壊

国家破産時は国民の資産が奪われる　160

日本がＩＭＦの緊急支援を受ける!? 161
ＧＤＰの二五〇％という借金 165
日本の借金の変遷 168
日本が借金大国になった理由 174
国家破産した国家の国民はどうなるのか？ 176
一番恐ろしい「徳政令」 183
「ハイパーインフレ」の破壊力 184
「大増税」が国民の生活に追い打ちをかける 185
「治安の悪化」が生命を脅かす 187
国家破産が社会を破壊する 191

第六章　老後、一体いくらかかるのか

老後には一億円かかる！ 194
年金支給開始年齢は引き上げられる 197

「介護離職ゼロ」は夢のまた夢、逆に激増は必至　202
介護費用は一人につき三〇〇〇万円⁉　205
現行介護保険制度は破綻し、自己負担は六〇〇〇万円にも　211
家族介護の行く先に待ち受ける、殺人・心中の激増　216
「ＡＬＷＡＹＳ三丁目の夕日」の時代の精神に戻れ　218
「生かされている限り現役」の自覚で働こう！　220
どうしてもお金がなければ、自給自足すべし　224
お金を殖やすなら海外投資しかない！　228

第七章　もう、自分年金を作るしかない！

今こそ〝自衛〟をする時　234
マイナス金利下では普通の運用はやらない方がマシ　235
海外ヘッジファンドとは？　239
金融後進国・日本　247

ヘッジファンドの実例を見るにあたって　251
株式投資を行なうリスク愛好家に適したグローバル・マクロ戦略　253
株式よりも安定的で、株式よりも収益を期待するファンド「ＮＰ」　255
「ＮＰ」の運用はチームによる会議制　260
ヘッジファンド、安定性を重視すれば価格差狙い　262
債券と同じ安定感で魅力的な収益を期待するファンド「ＫＡ」　264
これからのヘッジファンドはアジアに注目　266
レラティブバリュー・コリレーションとは　267
最先端の金融の世界、フィンテックを使って収益を得る　270
銀行預金並みのリスクでリターン七％強の「ＡＴ」　272
アフリカでは当たり前のフィンテック、日本には根付かず？　274
自分年金を作るための分散　275
「ＮＰ」の投資効率を高めたファンド「Ｓ・ＮＰ」　279
株式投資の法則性を使うファンド「ＰＵ」　282

アジア専門のヘッジファンド「HC」「BB」 283
株式マーケット・ニュートラル戦略の「DN」「EE」 285
さあ、自分年金を作ろう！ 288

エピローグ

自らの力でたくましく生きていく 292

※注　本書では為替は時価または一ドル＝一一二円で計算しました。

第一章
年金は本当にいくらもらえるのか

加入者の半数以上が保険料未払いの国民年金

「年金だけでは暮らせない……」。死亡した男は周囲にそう語っていたという。二〇一五年六月、七一歳の男が東海道新幹線の車内でガソリンをかぶり焼身自殺した。乗り合わせていた無関係の女性も煙を吸い死亡した。言語道断の男の行為が批難される一方で、男の楽ではない暮らしぶりが話題にもなった。

男の収入は年金のみで、家賃四万円の古いアパートに住んでいた。三五年間働いてきたこの男がもらえる年金は、生活保護水準より少ない月一二万円だった。確かに生活は楽ではなかっただろう。男の年金の少なさに、「これは他人事ではない」と報道するメディアもあった。実際、男のケースは決してまれなものではなく、さらに少額の年金で苦しい生活を送る高齢者は多い。

しかし、若い世代の反応は違った。ネット上には、(二ヵ月分で)「二四万貰えることに不満だと？　寝言は寝て言え」「おれらは年金貰えるかどうかもあやしい」「久々に腸が煮えくり返った。こっちは真面目に納めていて払った金額以下しか戻って来ないのに、払った以上に戻ってくる奴が何をほざいているのか」などと怒りの声が殺到した。

私たちの老後を支えるはずの公的年金に対する不信、不満が高まって久しいが、実際のところ年金制度は今どうなっているのか？　そして将来、私たちの年金は一体いくらもらえるのか？　それについて詳しく見ていこう。

バブル崩壊後の所得の減少や貧困の拡大、年金制度自体への不信から、国民年金保険料の納付率は二〇〇二年度に七〇％台を割り込んで以降、五〇％台～六〇％台で推移している。二〇一四年度の納付率は六三・一％であった。過去最低となった二〇一一年度の五八・六％からは三年連続で改善しているものの、依然として低水準にとどまる。何しろ一九九六年度までは、納付率は八〇％を超えていたのだ。

納付率は、被保険者が納めるべき国民年金保険料のうち、実際に支払われた割合を示す。納付率が六〇％程度ということは、被保険者の半分近くの人が保険料を払っていないということだ。しかし、実態はさらに悪い。実は、国民年金保険料の納付率の計算には低所得者など保険料の支払いを免除、あるいは猶予されている人たちは含まれていないのだ。二〇一四年度末の国民年金の加入者数(第一号被保険者数)は一七四二万人であるが、そのうち全額免除や猶予を受けている人は六〇二万人もいる。これら全額免除や猶予を受けている人たちも含めた実質的な納付率は、日本経済新聞によると四〇・六%にとどまる。つまり、加入者の半分以上の人が保険料を払っていないということだ。

なぜ、これほど多くの人が保険料を払わないのか? 厚生労働省が実施した「平成二三年国民年金被保険者実態調査」によると、保険料を納付しない理由について、「保険料が高く、経済的に支払うのが困難」との回答が七四・一%と圧倒的に多い。次に多い回答が「年金制度の将来が不安・信用できない」というものだが、その割合は一〇・一%に過ぎない。この調査からわかるのは、保険料を払えるのに払わないのではなく、払いたくても払えない人が圧倒的に多いということだ。

実際、国民年金加入者の所得は概して高くない。同調査による「第一号被保険者の属する世帯の総所得金額の分布」を見ると、平均が四〇三万円、中位数が二五四万円である。世帯の総所得金額が一〇〇万円未満の割合が二四・六％ともっとも多い。そして、総所得金額が高くなるほど総じてその割合が小さくなっている。二〇一五年度の国民年金保険料は、月額一万五五九〇円である。世帯の総所得金額が一〇〇万円や二〇〇万円程度の人たちにとって、この月額保険料の負担が大きいのは言うまでもない。

国民年金はサラリーマンが支えている

国民年金の加入者には低所得の人も多く、保険料の未納が非常に多いのはすでに述べた。このような状況では、国民年金の給付額を大幅カットでもしなければ帳尻が合うはずがない。しかし、給付額を大幅にカットすることもなく、国民年金は制度の崩壊を免れている。それはなぜか？

国民年金と言えば、自営業者、フリーター、学生、無職の人などの第一号被保険者が対象、というイメージを持つ人が多いかもしれない。しかし、厚生年金に加入するサラリーマンも自動的に国民年金に加入しているのだ。

どういうことかというと、一九八五年の基礎年金制度の導入により、それまで自営業者は国民年金、サラリーマンは厚生年金、公務員は共済年金と分立していたものを、それぞれの年金の一階部分を基礎年金として一元化した。これにより、国民年金は全国民共通の基礎年金となり、厚生年金に加入するサラリーマンも共済年金に加入する公務員も、同時に国民年金に加入していることになったのである。ちなみに、公務員の共済年金は二〇一五年一〇月一日に廃止され、厚生年金に一元化された。

サラリーマンや公務員の場合、厚生年金保険料は給料から天引きされる。そのため、厚生年金の保険料収納率は非常に高く、未納者はほとんどいない。二〇一三年度の厚生年金保険料の収納率は、九八・四%となっている。

日本年金機構は発行するパンフレット「知っておきたい年金のはなし」の中

で、「国民年金第一号被保険者の平成二六年度分の納付率は六三・一％ですが、厚生年金などを合わせた公的年金加入者全体の約九七％の方が保険料を納付しています。実際に保険料を払っていない方は全体の三％ほどです」と記述し、年金制度の安心感をアピールしている。つまり、現在まで国民年金制度が崩壊を免れているのは、一九八五年に導入された基礎年金制度を通じてサラリーマンや公務員が支えているからと言えるわけだ。

　では、サラリーマンや公務員が支えているから公的年金制度は安泰かと言えば、そんなことはまったくない。まず、サラリーマンの給料が減っている。

　国税庁が発表する「民間給与実態統計調査結果」によると、戦後一貫して右肩上がりで上昇していたサラリーマンの平均年収は、一九九七年をピークにその後は減少傾向で推移している。一九九七年に四六七万円あった平均年収は、二〇一四年には四一五万円まで減少しているのだ。厚生年金の保険料は給与額（標準報酬月額）により増減する。給料が減ればその分、保険料収入も減る。厚生年金の保険料率は二〇〇四年から毎年引き上げられているが、今後も給料が減少した場合、保険料収入を維持するのは容易ではない。また、今後わが国の労働力人口は減少すると見込まれる。仮に、給料が減少しなかったとしても、サラリーマンの数が減れば保険料収入を維持することは困難だ。

このように、収入面だけ見ても年金財政の厳しさが窺えるわけだが、わが国の年金財政の実態について、これまでの制度の変遷も含め、もう少し詳しく見ていこう。

誤算続きの年金財政

年金制度には「積立方式」と「賦課方式」という二つの財政方式がある。積立方式は、現役時代に払い込んだお金を積み立て、老後にそのお金を受け取る仕組みである。賦課方式は、現役世代の人が払い込んだお金をその時点の高齢者に支給する仕組みである。

現在、わが国の公的年金は賦課方式を基本として運営されているが、制度発足当初は積立方式を採用していた。国民年金が発足したのは、一九六一年のことである。すでに始まっていたサラリーマンの厚生年金と公務員の共済年金に、自営業者や農林漁業従事者らを対象にした国民年金が加わることで、全国民が何らかの公的年金に加入する「国民皆年金」が実現した。当時の年金は負担も給付もささやかなものであった。国民年金の保険料は月一〇〇円で、二五年以上拠出すると月二〇〇〇円程度の年金を受給できるというものであった。当時の二〇〇〇円は現役平均月収の一割強に過ぎず、「あめ玉年金」（あめ玉程度しか買えない年金）と揶揄される始末であった。厚生年金でさえも、二〇年加入して月三五〇〇円程度の受給にとどまっていた。

時代は高度成長期に入り、給料も物価も上昇を続ける中、年金の給付水準は次々に引き上げられた。特に、田中角栄内閣が「福祉元年」を掲げた一九七三年には、年金の給付水準は大幅に引き上げられた。年金の受給額を現役勤労者の賃金上昇に沿って引き上げる「賃金スライド」と、物価変動に応じて年金額を改定する「物価スライド」が導入された。この結果、厚生年金の受給額は当時のサラリーマンの平均月収の約六割に相当する月額五万円に引き上げられた。また、国民年金の受給額も月額二万円に引き上げられた。

当然ながら、このような大幅な年金支給額の引き上げは、高い経済成長を前提としていた。長寿化や年金水準の引き上げにより全体の年金支給額が膨張しても、高い経済成長により現役世代の所得も増え続けていたため、年金保険料も問題なく引き上げられるというわけだ。

しかし、一九七三年の「石油ショック」により高度経済成長が終焉を迎えると、わが国の公的年金制度を取り巻く環境は一変した。本来であれば、年金の給付水準は大幅に引き下げられるべきところであったが、物価スライド制が導入されていたため、「狂乱物価」と呼ばれた激しいインフレに比例して年金給付は大幅に引き上げられた。一九七六年には厚生年金の受給額が月額九万円、国民年金の受給額が月額三万二五〇〇円に達した。

こうして高度成長期に続いたインフレによる年金の目減りを避けるため、年金給付額は大幅に引き上げられた。もはや、積立方式を維持できるはずもなかった。その後、年金給付に要する費用をその時々の現役世代が納める保険料でまかなう部分が拡大していき、現在のわが国の公的年金制度は賦課方式を基本とする仕組みになっている。

これほどの大盤振る舞いを続けた結果、年金財政は危機的な状況に陥っていた。一九八〇年代になり、ようやく少子高齢化に対応した年金制度改革が議論され始めたが、過去に決めた手厚い給付水準の切り下げに対する抵抗は大きく、結局、中途半端な改革に終始した。保険料引き上げと給付削減を繰り返したものの、予想を上回る少子高齢化の進展とバブル崩壊後の慢性不況の中で、年金財政の安定化が実現することはなかった。

安心できない「一〇〇年安心プラン」

二〇〇四年の年金改革では、公的年金制度を将来に亘り持続可能なものとし、国民の公的年金に対する不安・不信を払拭するべく、いわゆる「年金一〇〇年安心プラン」が掲げられた。上限を設けた上で二〇一七年まで保険料を引き上げ、基礎年金の国庫負担割合を三分の一から二分の一に引き上げ、年金積立金を取り崩しながら運営していくことで、今後一〇〇年間は現役世代の収入に対して五〇％以上の年金額（所得代替率五〇％）は確保できるので安心だ、というわけだ。

当時、政府には「一〇〇年安心」と胸を張る者もいたが、その前提は名目賃金上昇率が二・一％、物価上昇率が一・〇％、出生率が一・三九、運用利回りが三・二％とあまりに楽観的なものであった。

年金財政は五年ごとに見直されるが、二〇〇九年の財政検証では、基本シナリオとされる「経済中位シナリオ」で名目賃金上昇率が二・五％、運用利回りは四・一％と、さらに楽観的というか非現実的な前提が用いられた。「一〇〇年安心」を維持するには、このような前提にしなければ計算が合わないということだろう。

当然、各方面から批判が集中した。国会審議においても、一九九八年から二〇〇七年までの実質賃金上昇率が平均でマイナス〇・六%、実質運用利回りは平均で一・七%にとどまることを挙げ、「このような楽観的な見通しが逆に国民に不安を与えるのではないか」「所得代替率五〇%を維持するために、逆算していろいろな数値を出したのではないか」などの批判が出た。

このような批判を受けてか、二〇一四年の財政検証では、経済前提ごとに八つのケースが示された。十分な経済成長が実現し、労働市場への参加が進む「ケースA～E」までの五つのケースについては、所得代替率は五〇%以上を維持できる。「ケースA」では名目賃金上昇率が四・三%、運用利回りは五・四%と飛躍的な経済成長を前提とする。五つのうちもっとも控えめな「ケースE」でも名目賃金上昇率二・五%、運用利回り四・二%と、前回（二〇〇九年）の財政検証と同程度の楽観シナリオが示された。

所得代替率五〇%を維持するための、相変わらずの帳尻合わせのような結果にまたしても批判が出たが、注目すべきはオプション試算として示されたF～Hまでの三つのケースだ。この三つのケースは十分な経済成長が実現せず、労働市場への参加が進まない場合を想定しており、いずれのケースでも所得代替率は五〇％を下回る。この三つのケースの方がはるかに現実的であり、おそらく厚労省もそう考えているに違いない。だからこそ、このオプション試算を公表したのだろう。

さて、もっとも悲観的な「ケースH」では、名目賃金上昇率が一・三％、物価上昇率が〇・六％、運用利回りは二・三％を前提としており、所得代替率は三五～三七％まで落ち込む。つまり、年金額は現役世代の収入の三分の一強にとどまるということだ。「ケースA～E」に比べれば非常に厳しい試算であるが、これが必ずしも「最悪ケース」ではないと言わざるを得まい。

「ケースH」の前提となる数値を実質ベースに引き直すと、賃金上昇率が〇・七％、運用利回りは一・七％となる。前述の一九九八年から二〇〇七年までのデータを見ると、実質運用利回りは平均で一・七％と「ケースH」と同水準だが、実質賃金上昇率は平均でマイナス〇・六％と「ケースH」よりも低いのだ。つまり「ケースH」よりもさらに厳しい、言わばこの表にはない「ケースI」

所得代替率の見通し（2014年財政検証）

			物価上昇率	賃金上昇率	運用利回り	所得代替率
ケースA	内閣府試算「経済再生ケース」	労働市場への参加が進むケース	2.0%	4.3%	5.4%	50.9%
ケースB			1.8%	3.9%	5.1%	50.9%
ケースC			1.6%	3.4%	4.8%	51.0%
ケースD			1.4%	3.0%	4.5%	50.8%
ケースE			1.2%	2.5%	4.2%	50.6%
ケースF	内閣府試算「参考ケース」	労働市場への参加が進まないケース	1.2%	2.5%	4.0%	45.7%
ケースG			0.9%	1.9%	3.1%	42.0%
ケースH			0.6%	1.3%	2.3%	35~37%

厚生労働省「国民年金及び厚生年金に係る財政の現況及び見通し
―平成26年財政検証結果―」（平成26年6月3日）を基に作成

のシナリオもあり得るということである。

すでに取り崩しが進む年金積立金

わが国では、現役世代から集めた公的年金の保険料のうち、高齢者への年金給付などの支払いに充てられた残りの部分を蓄えている。これが年金積立金だ。年金改革において、たとえ計算上とはいえ「一〇〇年安心プラン」のような試算を可能にしているのがこの年金積立金である。年金積立金を巧みに運用しつつ少しずつ取り崩すことで、大幅な負担増と給付減を避けて制度を維持しようというわけだ。そういう意味では、年金積立金はわが国の公的年金制度にとって虎の子と言ってよい。

わが国の年金積立金は二〇〇五年度末時点で一五〇兆円あったが、二〇〇七年度以降、世界的な金融危機もあり大幅な減少を余儀なくされた。高齢化で増加する年金給付をまかなうため、毎年五兆円前後の積立金を取り崩す状況が続

年金積立金の推移

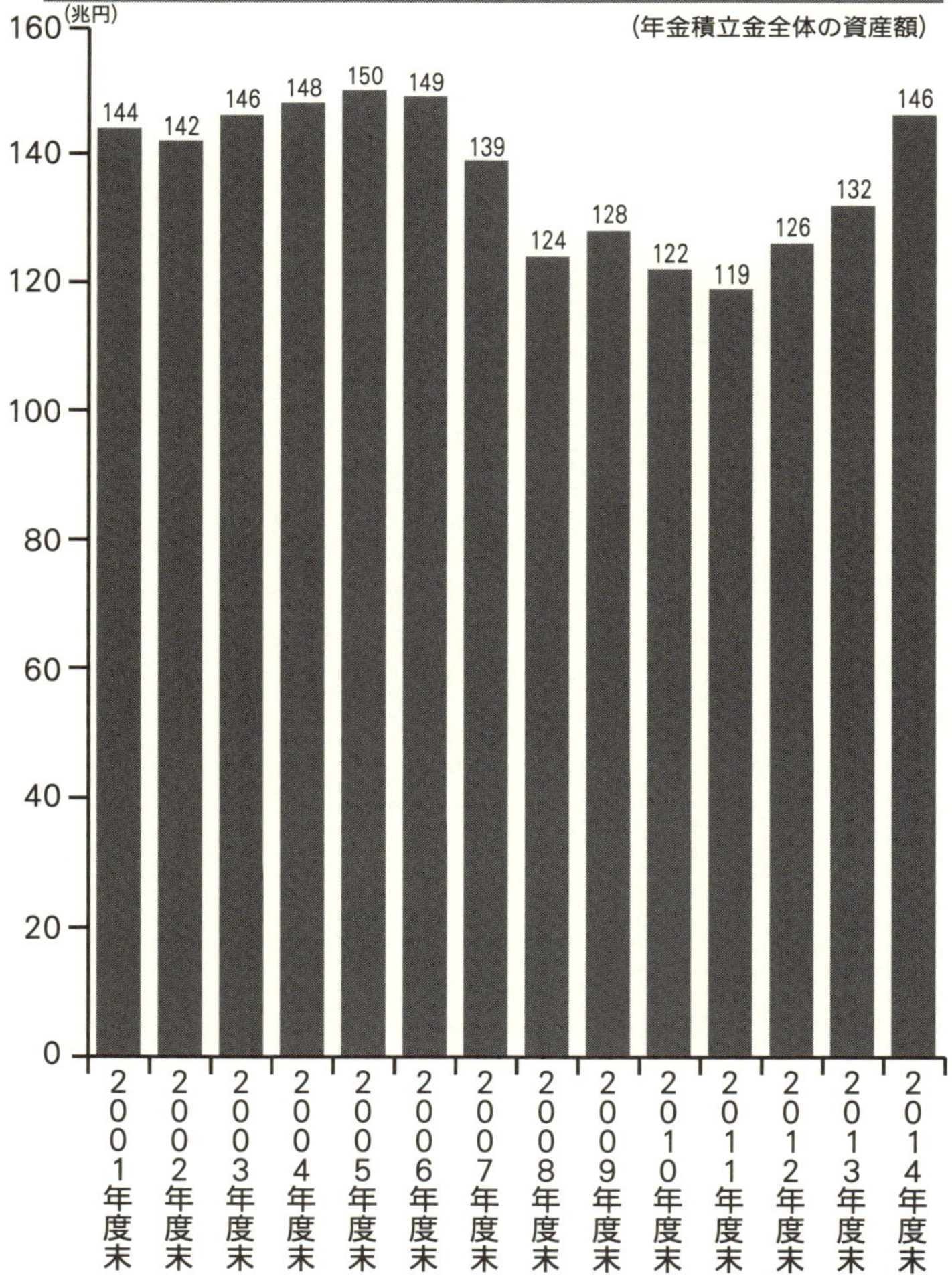

ＧＰＩＦホームページの資料を基に作成

き、二〇一一年度には積立金は一一九兆円に減少した。一一九兆円の積立金の運用利回りをゼロとすると、毎年五兆円ずつ取り崩せば二四年ほどで積立金は底をつく計算になる。一〇〇年安心プランの実態は「二〇年安心プラン」に過ぎないということだ。「わが国の公的年金は二〇年は安泰ですよ」と言われて安心する現役世代は誰もいないから、経済を成長軌道に乗せ、高い賃金上昇率と運用利回りを前提とせざるを得ないわけだ。

ここ数年は、アベノミクスにともない実施された異次元金融緩和の効果もあり、円安と株価上昇がもたらされた結果、年金積立金の運用は好転している。二〇一二年度以降、毎年一〇兆円を超える運用益を出している。収益率は二〇一二年度が九・五六％、二〇一三年度が八・二三％となった。積立金はさぞ大幅に増えたと思いきや、そうでもない。二〇一三年度の積立金は一三二兆円で、二〇一一年度に比べ一三兆円増加した。ただ、この間の積立金の運用収益は二一兆円である。つまり、ざっと八兆円の積立金が取り崩されているわけだ。

虎の子の年金積立金をハイリスクで運用

何はともあれアベノミクス以降、年金積立金の運用状況は大きく改善した。この追い風に乗り、株価のさらなる上昇を目論んだ安倍政権は、ついに大バクチに打って出る。

二〇一四年一〇月、公的年金の積立金の管理・運用を行なうＧＰＩＦ（年金積立金管理運用独立行政法人）は、積立金運用の資産構成の大幅な変更を発表した。それまで資産の大半を占めていた国内債券の割合を大幅に引き下げ、国内株式と外貨建て資産の割合を増やしたのである。基本ポートフォリオは、国内債券の割合が六〇％から三五％になり、国内株式と外国株式の割合をそれぞれ一二％から二五％に引き上げた。つまり、資産の半分を株式で運用するということだ。

いずれにしても、ＧＰＩＦはリスクの低い資産を減らし、リスクの高い資産を大幅に増やすことで、より高い運用利回りを目指す方向へと大きく舵を切ったのである。ＧＰＩＦの運用資産は一〇〇兆円を超えるから、運用比率がわずかに変化しただけでも巨額の資金が動く。ＧＰＩＦの資産構成変更のニュースを受け、日本株は大きく上昇し、急激に円安が進行した。当然、年金積立金の運用成績もさらに向上した。二〇一四年度の運用実績は、収益率が一一・六二％、運用益は一五兆円を超えた。その結果、積立金は一四六兆円に増加した。

積立金の増加は結構なことだが、このような好成績は株高・円安のたまものである。株式は下落することもあるし、しばしば暴落する。そうなれば、運用利回りは一気に悪化する。実際、世界的な金融危機が発生した二〇〇七年度と二〇〇八年度の年金積立金の収益率は、マイナスに沈んだ。特にリーマン・ショックのあった二〇〇八年度はマイナス六・八六％と散々な成績で、九兆円を超える損失を出した。しかも、当時は株式の割合が二四％と少なかった。現在のように五〇％を株式で運用する状況下で二〇〇八年のような株の大暴落が起きれば、運用損失はこんなものではすまない。

GPIFのポートフォリオ

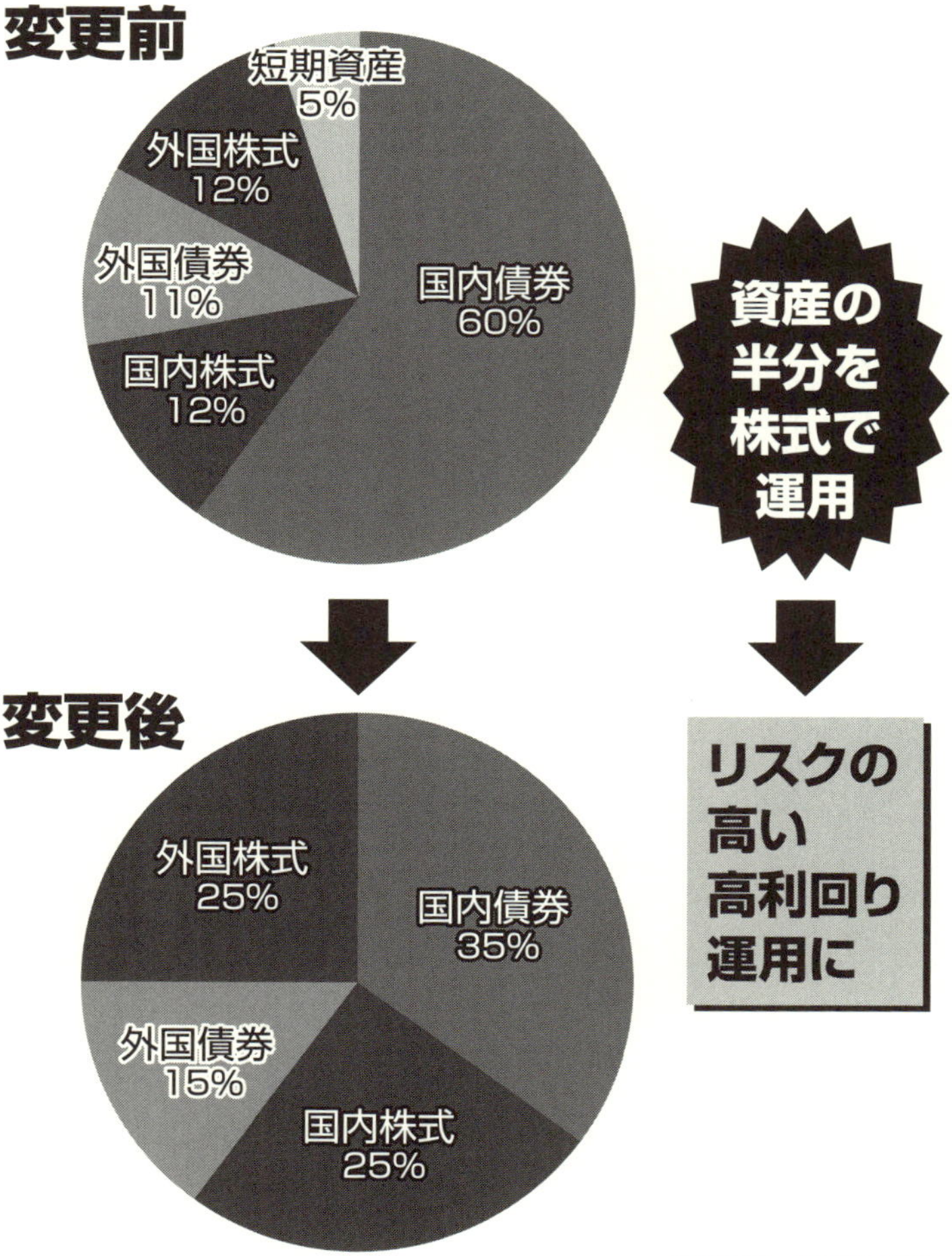

GPIFのデータを基に作成

残念なことに、市場環境は早くも怪しくなっている。二〇一五年夏以降、株価が下落に転じ、為替も円高に振れたのである。その結果、二〇一五年七―九月期には八兆円近い運用損失を出した。翌一〇―一二月期には株式市場が持ち直し、四・七兆円の運用益を上げたが、二〇一六年年初からの大幅な株安・円高により再び運用は悪化した。二〇一五年度通期では五年ぶりに大幅な運用損失が出るのは避けられない情勢だ。この大バクチは吉と出るか凶と出るか。いずれにせよ、私たちの老後を支えるべき年金積立金の運用は、今後ますます株価の変動に振り回されることになりそうだ。

実際の公的年金の受給状況

このような状況の中、私たちの老後を支える年金はどうなってしまうのか。公的年金の現在の受給額と将来の受給額の見通しについて考えてみよう。二〇一四年の財政検証結果に、標準的な厚生年金の給付水準が示されている。夫が四〇年間平均的賃金のサラリーマンで妻が四〇年間専業主婦である世帯（モデル世帯）の年金受給額である。それによると、夫婦の基礎年金が一二万八〇〇〇円、夫の厚生年金が九万円で合計二一万八〇〇〇円である。現役男性の手取り収入三四万八〇〇〇円に対する所得代替率は、六二・七％である。

厚生労働省年金局がまとめた「平成二六年度厚生年金保険・国民年金事業の概況」によると、受給権者の平均年金月額は厚生年金が約一四万五〇〇〇円、国民年金が約五万四〇〇〇円となっている。ただし、自営業者など国民年金のみの受給者の場合は、月額約五万円に過ぎない。国民年金は満額でも月額六万五〇〇〇円程度だから、それだけで生活するのはかなり難しい。一方、厚生年金の受給者については、年金は月額で一四〜一五万円、夫婦であれば妻の国民年金と合わせて年金月額は二〇万円となり、決して十分な額ではないとしても老後の生活の基盤にはなるだろう。それでも多くの人にとって、現在の公的年金だけでは悠々自適の老後にはほど遠いことに変わりはない。

しかも、この年金額は実質的には減っていく可能性が非常に高い。高齢化の影響で公的年金の加入者数は年々減少する一方で、受給者数は年々増加している。この傾向は今後も続くわけで、年金財政が厳しくなるのは当然である。

年金は一体いくらもらえるのか？

では、わが国の年金財政はどこまで厳しくなり、私たちが将来受け取る年金額はいくらくらいになるのだろうか？　ここでは二つのシナリオを考えてみた。

シナリオ①「通常シナリオ」

二五ページの二〇一四年の財政検証で示された八つのケースのうち、実態に即したもっとも悲観的な「ケースＨ」を見てみよう。このケースでは、二〇五五年度には現役男子の手取り収入が四五万六〇〇〇円、モデル世帯の夫婦の年金額が一七万八〇〇〇円となり、所得代替率は三九％にとどまる。この時点で国民年金は積立金がなくなり、完全な賦課方式に移行するという。

この状況で、生活はどのくらい苦しくなるだろうか。仮に現役男子の手取り収入（四五万六〇〇〇円）に現在の所得代替率六二・七％を掛けた金額を生活費としよう。すると、月の生活費は約二八万六〇〇〇円となる。しかし、年金額は月一七万八〇〇〇円しかない。毎月一〇万円強の不足を貯蓄や他の収入で補う必要がある。貯蓄がなく、他の収入も望めないなら、生活レベルを大幅に落とし、一七万八〇〇〇円で生活する他ないということだ。

ただし、すでに述べたように、「ケースH」の前提となる実質ベースの賃金上昇率〇・七％と運用利回り一・七％が、一九九八年から二〇〇七年までのデータと比べるとまだ高く（＝甘く）、必ずしも「最悪ケース」とは限らないことは念頭に置くべきだ。

特に賃金上昇率の見通しについてはかなり怪しい。アベノミクス以降、企業業績が改善する中、政府の賃上げ要請もあり全体として賃金は上昇した。厚生労働省が発表する毎月勤労統計調査によると、二〇一四年、二〇一五年と現金給与総額は前年比で増加した。ところが、実質賃金（総額）は前年比で減少しているのである。つまり、二年連続の賃上げも物価上昇に追いついていないということだ。実質賃金は二〇二二年以降、四年連続のマイナスとなっている。このような状況にもかかわらず、実質賃金上昇率を最低でも「ケースH」の〇・七%を想定しているのには首をかしげたくなる。年金財政がここまで切迫しているからこそ、積立金の運用でバクチを打ち、起死回生の一発逆転を狙う他ないというわけか。

シナリオ②「国家破産シナリオ」

残念な話であるが、わが国の場合、年金財政だけでなく、国家財政自体が手の付けようがないほどに悪化している。そう遠くない将来、この日本という国が破産する可能性が極めて高いのだ。国家破産という事態になれば、「ケースH」でさえ実現するのは困難に違いない。

まず、物価上昇率の前提が成り立たない。国家が破産すると、多くの場合、その国の通貨価値は大きく低下する。その結果、物価が大幅に上昇する。最悪

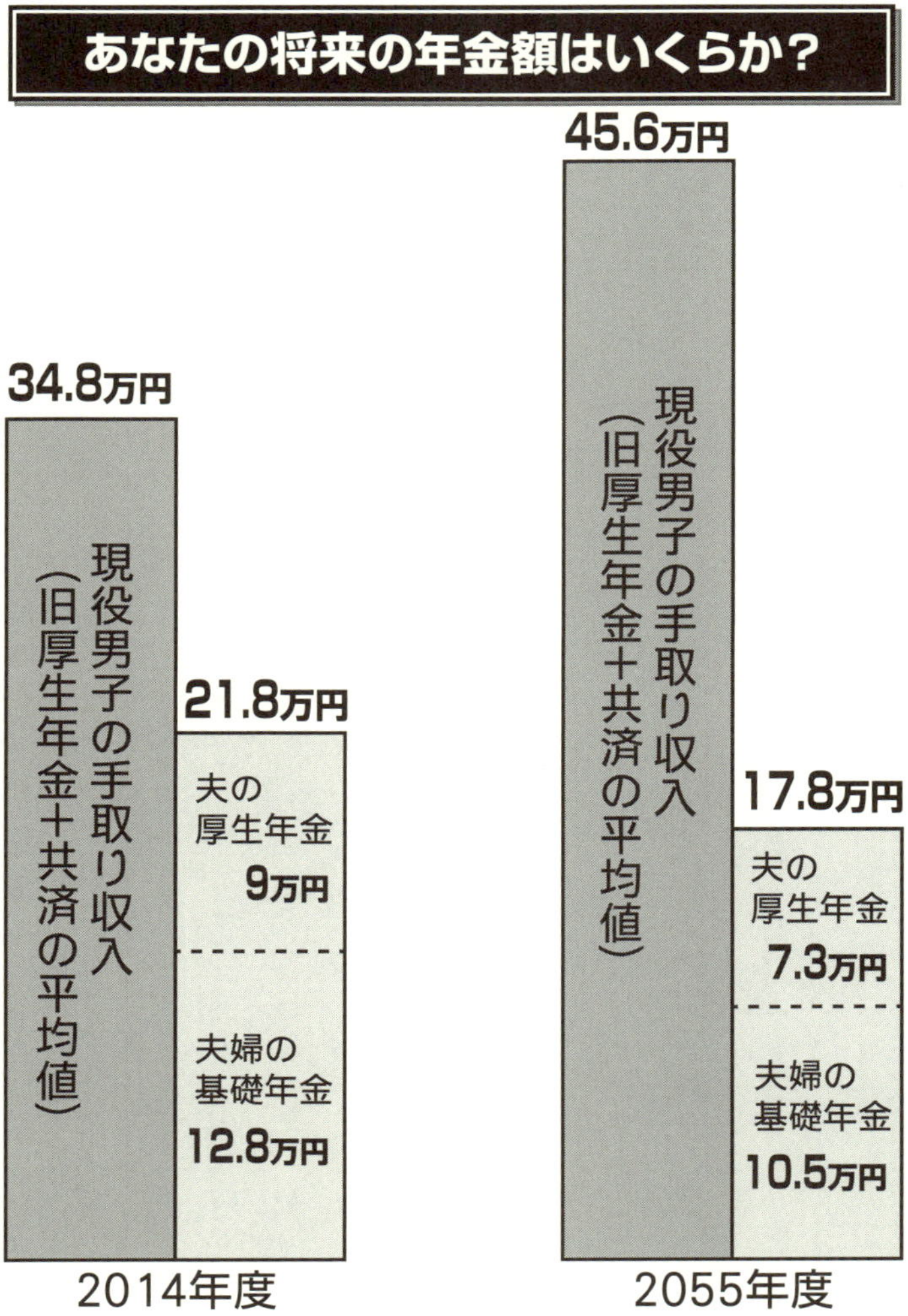

厚生労働省「国民年金及び厚生年金に係る財政の現況及び見通し—平成26年財政検証結果—」（平成26年6月3日）を基に作成

の場合、ハイパーインフレと呼ばれるすさまじい物価上昇さえ起こり得る。賃金も上がるだろうが、激しいインフレに遅れて賃上げはなされるだろうから、実質賃金はますます減っていくだろう。

インフレになれば株価も上昇する可能性があり、積立金の運用でも収益を上げやすくなるかもしれない。しかし、高い運用利回りを上げても、物価上昇を考慮に入れた実質利回りは低水準にとどまるだろう。ハイパーインフレにより、実質利回りが過去に例がないほど大幅なマイナスに沈む可能性さえある。

簡単に言えば、サラリーマンが稼いだ給料も、運用で儲けた利益も、私たちが使うお金（＝日本円）はすべて高率のインフレにより大きく目減りするということだ。私たちが受給する年金も例外ではなく、当然、インフレにより目減りする。物価スライドの仕組みがあるとは言え、インフレが激しくなればサラリーマンの給料と同様、年金受給額の引き上げが物価上昇に追いつかないことは想像に難くない。

では、日本が国家破産した場合、年金額は一体いくらになるのだろうか？

「国家破産」については更に詳しくは第五章で述べているのでそちらを確認してほしいが、ここではその影響により年金額が半分になったと仮定して考えてみよう。モデル世帯の年金額をざっと月二〇万円とすると、それが半分になると一〇万円である。生活はかなり厳しくなる。持ち家があり、多少なりとも貯蓄や収入がある人ならなんとか生活していけるかもしれないが、賃貸住まいで貯蓄や収入もほとんどない場合、月一〇万円で夫婦二人で生活するとなるとかなりの耐乏生活を強いられるだろう。

そこにインフレ、それも国家破産にともなうハイパーインフレが重なればどうなるか？　物価の高騰は年金生活者の家計をさらに圧迫する。仮に年率一〇〇%のインフレが起きたとしよう。物価は一年で二倍になるから、月一〇万円の年金で生活している人の生活費は二〇万円に跳ね上がる。ハイパーインフレ下で年金額が物価上昇に完全に連動して引き上げられることは極めて考えにくいので、ここでは仮に年金額が六〇%引き上げられたとしよう（これでもかなり甘い前提かもしれないが……）。すると、年金額は一六万円となる。言い換えれば、月一〇万円の年金の実質的価値は八万円ということになる。生活はますます苦しくなる。

ただし、ハイパーインフレは一年で終わるとは限らない。過去の国家破産の事例からすれば、むしろ何年間か続く可能性の方が高い。仮に年率一〇〇%のインフレが三年間続いたとしよう。物価は一年で二倍、二年で四倍、三年後には八倍になる。逆に言えば、貨幣価値は三年後には八分の一になるということだ。すると、一〇万円で辛うじてやりくりしていた生活費は三年後には八〇万円になる。一方、一〇万円だった年金額は、毎年六〇%ずつ引き上げられ三年後には約四一万円になる。つまり、月一〇万円の年金の実質的価値は、五万円ということだ。さすがに限界を超える。

夫婦二人、わずか月五万円の生活をあなたは想像できるだろうか?

第二章

介護なんて、そもそも無理

あなたを待ちうける「介護暗黒の時代」

二〇一五年一一月、介護を理由として家族三人が無理心中を図るという事件が起きた。現場は埼玉県深谷市の利根川で、「人が流れている」という通報により事件が発覚する。警察と消防が駆け付けたとき、現場にいた三人のうち二人が遺体で発見された。警察は川の中で泣いていた四七歳の女性を保護、その女性の話から、介護疲れと生活苦から高齢の両親とともに心中を図ったと警察は断定する。女性は殺人と自殺ほう助の疑いで逮捕された。

女性の母親は、事件の約一〇前から認知症を発症。七四歳の父親が新聞配達で生計を立て、三女であるその女性が母親の介護を担っていた。世帯の収入は一八万円程度だったという。しかし、父親が体調を崩して職場を退職。貯金が底を突いたのをきっかけに「父親から一緒に死のうと言われた」とその女性は語っており、結果的に家族で心中を図ることとなった。

何とも名状しがたい事件である。そもそも、高齢な父親が新聞配達で一家の生計を立てざるを得ないという状況に無理がある。持続不可能だ。「兄弟は当てにできなかったのか」などという疑問は湧くが、こういった状況に置かれている家庭は少なくない。

目下、日本政府（厚生労働省）は「地域包括ケアシステム」（住まい・医療・介護・予防・生活支援が一体的に提供されるシステム）の構築に取り組んでいる。簡単な話、医療・介護の現場を、病院・介護施設から自宅に移行させようという計画だ。

しかし、在宅介護は決して楽なことではない。それまで病人の介護どころか老人と一緒に住んだこともない人に世話をさせるなど、端から無理な話である。その現れであろうか。在宅介護の現場では虐待が頻発している。養護者（高齢者の世話をしている家族、親族、同居人等）による虐待の数は、把握されているだけでも一万五〇〇〇件（平成二六年度）を上回っており、これは養介護施設従事者による虐待判断件数（約三〇〇件）よりも遥かに多い。さらに近年は、冒頭に記したような心中や殺人事件などが在宅介護の場で相次いでいる。

もちろん、介護施設とて安心できない。記憶に新しいところで、二〇一四年一一月から一二月にかけて、神奈川県川崎市の介護付き有料老人ホーム「Sアミーユ川崎幸町」で入所者の男女三人が相次いで六階のベランダから転落死するという痛ましい事件が起きた。介護付き有料老人ホームとは、民間が運営する介護施設である。大まかには、「介護専用型」（要介護者を施設のスタッフがケアする）、「混合型」（要介護者と健常者を施設のスタッフがケアする）、「外部サービス利用型」（介護を外部の事業者に委託する）の三通りがあり、費用は基本的に他の介護施設に比べて高い。事件の舞台となった「Sアミーユ川崎幸町」は介護専用型であり、ホームページでは「（入居者にとって）自由度の高いオーダーメイドケアを実現」していると謳っている。

余談だが、「Sアミーユ川崎幸町」を運営する「メッセージ」（実際には子会社の積和サポートシステムが施設を運営している）は、介護事業では国内三位という大手だ。しかも、ジャスダックに上場している。

そんな施設で相次いで起きた転落死は、ベランダの手すりが一二〇センチの高さ（介護を必要とする高齢者が自力で登るのは不可能）であったにもかかわらず、当初は〝事故〟として扱われた。しかし、二〇一六年二月にそれが〝殺人事件〟であったことが判明する。逮捕されたのは施設で働いていた二三歳の男だ。男は警察に対し、「夜勤などのストレスがあり、つらかった」などと犯行の動機をほのめかす供述をしている。ストレスはどんな人間でも抱えているものであり、それを理由に人を殺めることなど絶対に許されない。言語道断だ。介護に携わるほとんどの人は、極めて善良な心の持ち主だろう。このような愚劣な犯行は、介護とは関係なく人間の資質に根差すものと言ってよい。

ただし、この事件を単に特異な犯罪と片付けるわけにはいかないのだ。先に述べたように、昨今の介護施設では殺人は別としても暴言や虐待という事案が相次いでいる。厚生労働省の調査では、介護施設の職員による虐待の件数は平成二〇年の七〇回から平成二六年には三〇〇回まで増加。もちろん、公になっているのは氷山の一角であり、実際の数ははるかに多いと言われている。

殺人事件が起きた「Sアミーユ川崎幸町」でも、虐待は半ば常態化していた。二〇一五年五月には入居者の家族の訴えから、その入居者が職員から頭を叩かれたりナースコールが使えない状態にされるなどの虐待が判明。神奈川県警は、虐待にかかわったとされる元職員の男三人を暴行などの容疑で書類送検した。また虐待があったかはわからないが、同施設では入浴中の男性が死亡する事故なども起きている。一連の事件をきっかけに、東京都は「Sアミーユ川崎幸町」を含め複数の施設を運営する「積和サポート」に二〇一〇年一月～二〇一五年八月までの事故に関する資料を提供するよう要求。すると、七一四件の事故があったことが判明した。施設の事故は介護保険法で区市町村への報告が義務付けられているが、そのうち四三九件は届け出がなされていない。しかも七一四件のうち、六一件で事故後に入居者が死亡している。非常に不可解だ。この他、同社が全国に展開する系列の施設でも、虐待や転落死など不可解な事故が相次いでいると報じられている。

繰り返しになるが、これらは氷山の一角だ。現在、全国に一万ヵ所以上はあ

介護施設職員による虐待件数

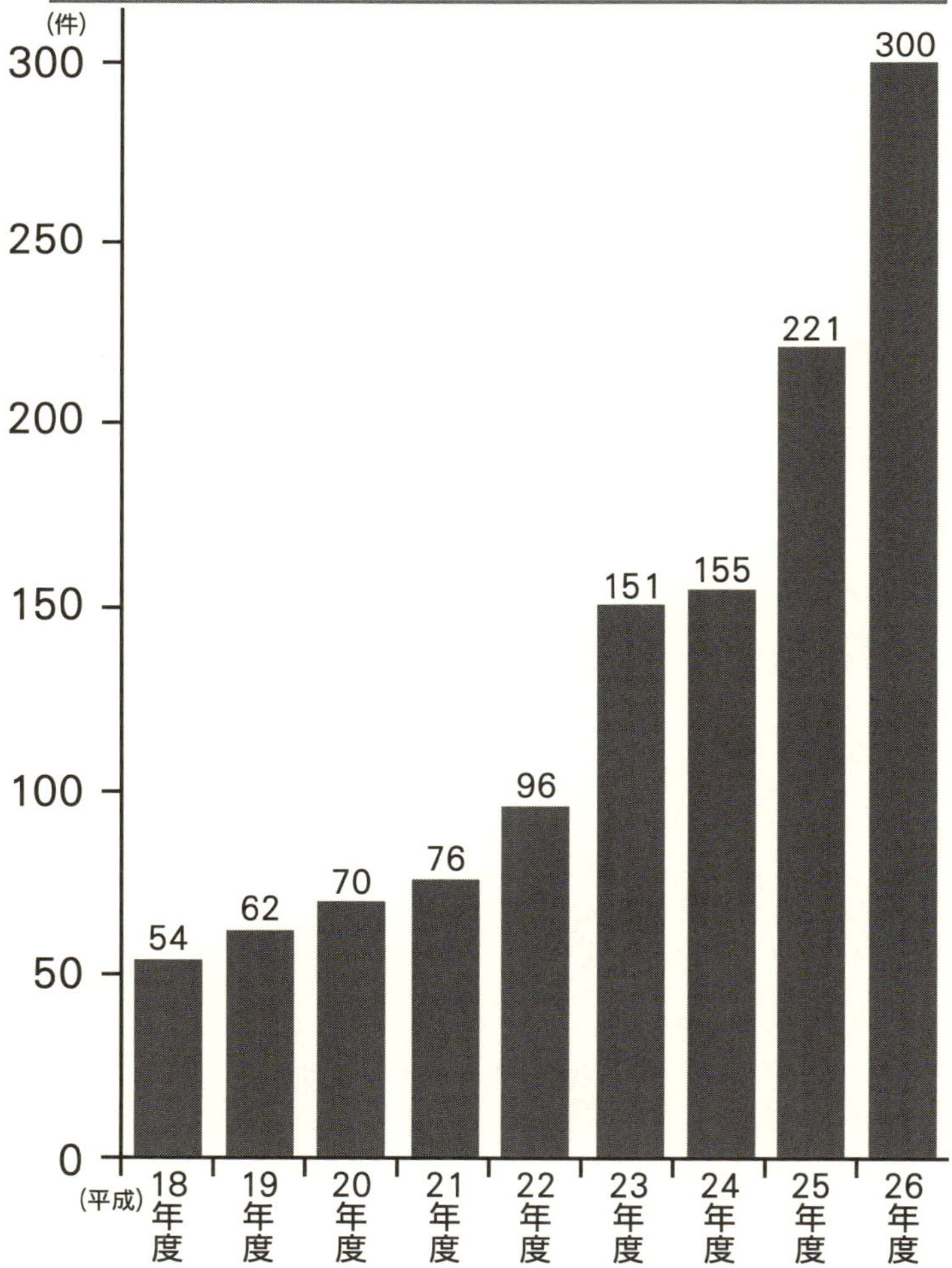

(厚生労働省のデータを基に作成)

るという介護施設では、職員による暴言や虐待が日常化してしまっているところも多くあると言われている。誠に残念だが、こうした状況が好転することは望めそうにない。多くの専門家は、その大きな理由として介護業界における著しい人手不足を挙げる。

「高齢化が進み施設の数が増え、どの施設も人手不足で『来る者拒まず』という状況。採用した職員が必ずしも介護の資質を満たしているわけではない」（産経新聞　二〇一六年二月一七日付）。ＮＰＯ法人「介護保険市民オンブズマン機構大阪」の堀川世津子事務局長は、介護業界の現状をこう説明する。

実際、川崎市の殺人事件で逮捕された男は、二〇一四年に殺人を犯した後にも入所者の財布（計一九件、被害総額二〇〇万円以上）を盗むなどして警察に逮捕されていた。施設で働くのに相応しい人物ではなかったことは明らかだ。

しかし、介護業界では雇用する側にもはや人材を選べる余裕などないという。自身で介護施設を運営したことがあるノンフィクションライターの中村敦彦氏は、講談社の運営する情報サイト「現代ビジネス」において、二〇〇〇年に介護保険制度が施行されてから介護業界では延々とした深刻な人手不足が続いているため、「問題ある人物にも頼らざるを得なくなった」（現代ビジネス　二〇一六年二月一七日付）と苦しい実情を吐露する。

殺人事件が起きた川崎の施設では、二九人という常勤介護職員数（二〇一五年八月三一日時点）のうち、二〇一四年度だけで一八人も退職した。一年間でおよそ六割の職員が入れ替わったことになる。こうした状況はこの施設に限ったわけではなく、ほとんどの施設で職員がなかなか定着していない。

職員が定着しない大きな理由に、報酬の低さがある。現在、福祉施設の職員の平均月収は手取りで二二万円だ。一般平均の三二万円を一〇万円以上も下回っている。ただでさえ体力的に厳しい仕事なのに、こんなにも安月給では職員が定着するわけがない。その証拠に、介護業界では男性職員の〝寿退社〟が当たり前となっている。給料が低いため、結婚を機に転職しないと幸せな家庭を築けないというわけだ。もちろん、寿退社する人のほとんどは介護業界で働き続けたいというのが本音である。

受けられても地獄、受けられなくても地獄

ところで、皆さんは「二〇二五年問題」をご存知だろうか？　二〇二五年問題とは、この年に八〇〇万人はいるとされる「団塊の世代」（一九四七〜四九年生まれ）が後期高齢者（七五歳以上）の仲間入りすることを言う。前期高齢者（六五歳から七四歳）に比べて後期高齢者は介護を必要とする人の割合が格段に高まる。現時点で後期高齢者の数は一五〇〇万人だが、これが二〇二五年には二二〇〇万人に膨れ上がる見込みだ。日本人の五人に一人が後期高齢者となる。ただでさえ人手不足が常態化している介護業界が、今後一〇年でさらなる苦境に陥ることは想像に難くない。

厚生労働省の推計では、二〇二五年には約二五三万人の介護職員が必要となる。一方で、厚生労働省の専門委員会はこのままだとおよそ三八万人の不足が生じるとの見通しを示した。民間からは、二五三万人ではなく三五〇万人の介

介護職員は不足している

	2017年度	2020年度	2025年度
需要見込み	207万8300人	225万6854人	252万9743人
供給見込み	195万3627人	205万6654人	215万2379人
充足率	94.0%	91.1%	**85.1%**
不足する介護職員の数	12万4673人	20万200人	**37万7364人**

（厚生労働省の推計を基に作成）

護職員が必要だという指摘もなされている。兎にも角にも、数十万人規模の人手不足が現実のものとなれば、日本の介護はもはや立ち行かない。

政府も本腰を入れて将来的な介護人材の不足解消に取り組んではいるが、前出の中村敦彦氏は「介護二〇二五年問題は解決する気配すらない」（現代ビジネス　二〇一六年二月一七日付）と断じる。私たちが想像している以上に、介護業界の人材不足と人材の質の低下は深刻だと言うのだ。中村氏は、自身の経験から照らし合わせて「私自身が介護の素人であり、超高齢化社会という需要だけに群がった能力が低い経営者だったことを差し引いても、介護は人手不足、低賃金、重労働、ブラック労働まみれ、人材の異常劣化、子が親を捨てる姥捨て山化など、負の要素が複雑に絡まりすぎた異常な世界だった」（同前）として、問題の解決が途方もなく難しいと指摘する。

老後の蓄えに余裕がある人なら、「そうは言っても、ある程度の資金をねん出すれば優良な施設に入れるのではないか」と思うかもしれない。しかし、殺人事件が起きた川崎市の「Sアミーユ川崎幸町」も、入所するにはある程度の費

介護保険制度施行以降の介護職員の推移

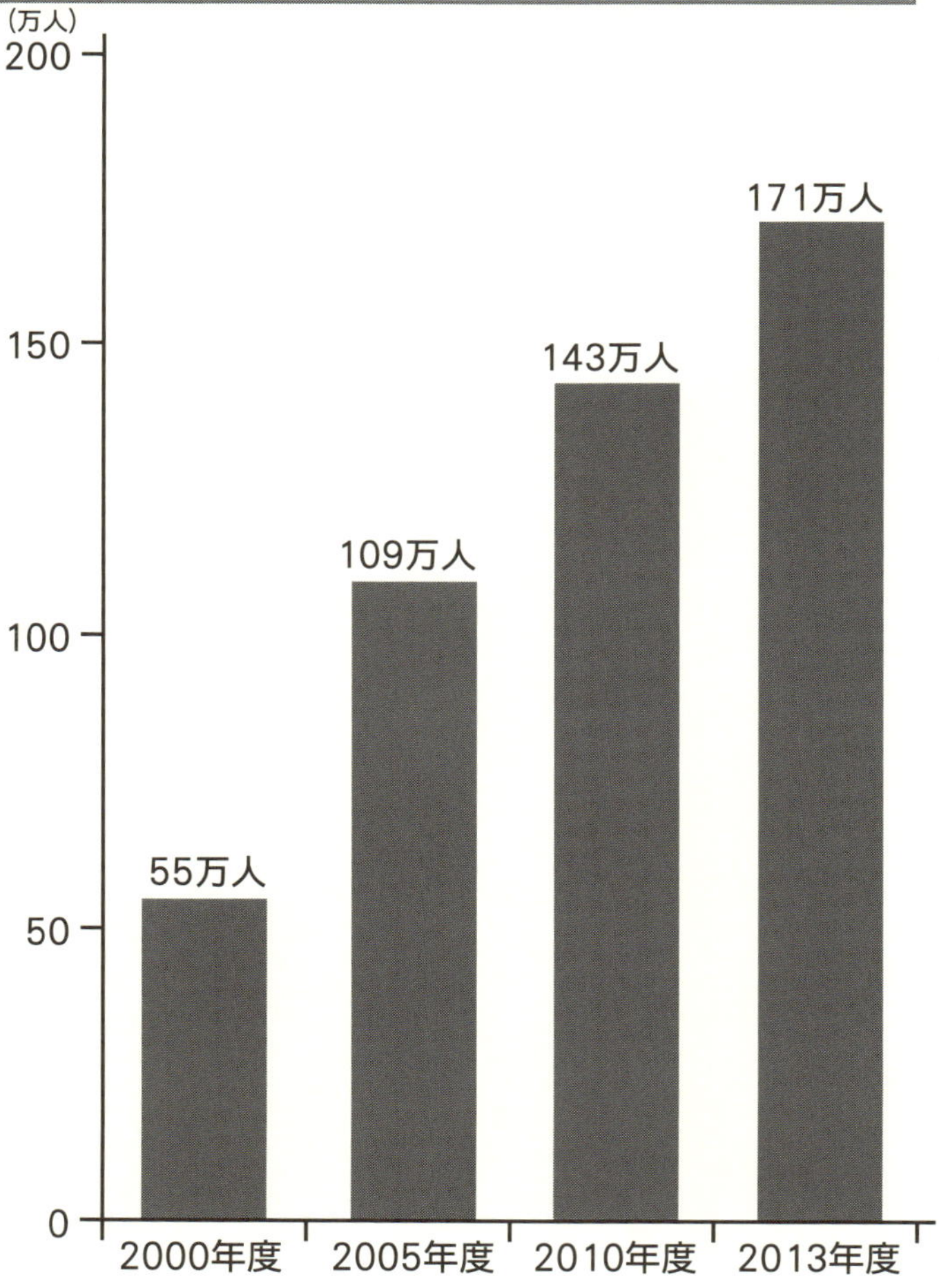

(厚生労働省のデータを基に作成)

用が要る。ホームページによると、毎月の固定費は二二万一七〇〇円だが、これに薬代などが加わるため、月々ざっと三〇万円は必要だ。ある程度の蓄えがなければ、何年もお世話になるのは難しい。全国的に見て「中の上クラス」と言えるこの施設でさえも、虐待が常態化していたのである。

恐ろしいことに、もはや「お金を積めば優良な介護を受けられる」という時代ではない。もちろん、優良な施設も多くあるだろう。しかし、そうした施設を探すためには、慎重に慎重を期すべきだ。高額な費用を払った上に自身や家族が虐待されたのでは、たまったものではない。

一般に考えられているよりも、介護ビジネスは「儲からない」ことで有名だ。そのため、経営側が高収益を計上するには自ずと職員の給与を削る努力が強いられる。実際、「Sアミーユ川崎幸町」を運営する「メッセージ」の橋本俊明会長は「週刊文春」(二〇一五年一〇月一日号)の取材に対し「職員の給料を上げると赤字になる」と語っていた。

近年は、業界における人手不足から〝介護を受けたくても受けられない人〟

を意味する「介護難民」という言葉が世間を賑わせている。しかし、最近では多くの専門家がより恐ろしい言葉を口にするようになって来た。それは、「介護崩壊」である。日本の介護福祉が完全に破綻する事態だ。そのタイムリミットは一〇年を切っている。

二〇一五年一一月二一日号の「週刊現代」は、二〇二五年問題を取り上げた上でこんな恐ろしいシナリオを提示している——「日本はその頃、徴兵制ならぬ『徴介護制』もやむを得ないような状況に追い込まれているかもしれない」。

貧困、うつ病、自殺……介護を巡る壮絶な負のスパイラル

二〇〇九年の秋、高野昭博さん（六〇）は目の前で顔見知りの女性が電車に飛び込み自殺する現場に遭遇した。頭をよぎったのは「自分の順番はいつ来るだろうか」ということだった。高野さんは川口市内の公園でホームレスとして暮らしていた。父親の介護のため四五歳で

仕事を辞めたときは「何とかなるだろう」と思っていた。当時の年収は一〇〇〇万円超で貯金もあった。父を見送り、病弱な母を介護しながら再就職した先は倒産したり給料の不払いがあったりで、「止まらない滑り台に乗ったかのように」生活は苦しくなった。九年後、母の葬儀で貯金は尽き、高野さんは右手に遺骨、左手に母の可愛がっていた猫を抱え、三〇年住んだ家を出て公園に向かった。

（Bloomberg News　二〇一五年一二月二一日付）

この記事によると現在、国内で介護のために離職する人は毎年一〇万人に上っている。そして、その多くが再就職ができないまま身内の介護に追われているのが現状だ。

日本政府は以前から、日本型の福祉の在り方として「家族型」（家族が介護や育児を担う）を掲げている。これに対し、北欧などは「政府型」（政府が介護や育児をサポート）で、米国などは「民間型」（民間企業を活用しての介護や育児）だ。近年では、介護業界における人材不足や施設の不足を背景に政府は「在宅医療・在宅介護」をより推進している。もちろん、国民側からしても余生を自宅で過ごしたいというニーズは高い。平成一九年に内閣府が実施した意識調査によると、要介護状態になっても「自宅や子供・親族の家で介護を希望する」人の割合は四割を超えている。

「一億総活躍社会」を掲げる安倍政権は現在一〇万人いる介護離職者（身内の介護のためにやむを得ず離職しなければならない人）をゼロにすると宣言した。また、現在五二万人いる特別養護老人ホームの入居待機者も二〇二〇年までにほぼ解消すると述べている。しかし、福祉の専門家でこれらが本気で実現できると考えている人は、ほとんどいない。むしろ、介護離職や入居待機者の数は今後も増えていくだろう。

ここ最近では、四〇代～五〇代で介護離職する人が多い。日本には「介護休業制度」があるが、多くの人は会社にいづらくなり辞めてしまう。先程取り上げた高野昭博さんもブルームバーグの取材に対して、「上司と相談して二ヵ月の休職願いを出した。業務上の理由で週に一度会社に顔を出すと『まだ辞めてないのか』という雰囲気になり、やがて自分のデスクもなくなっていた。『自分で結論を出さなければ』という思いで辞表を出した」（同前）と退社が不本意であったと明かした。

国は「制度を活用せよ」と繰り返すが、介護休業制度などはまだ多くの企業に浸透していない。政府が制度の浸透に努めることは当然だが、企業や介護者側も理解を深めなければ介護離職を減らすことは難しいだろう。とはいえ、実情は相当に深刻だ。介護は育児と違って終わりが見えない。そのため制度などを知っていたとしても、「会社に迷惑をかけたくない」という配慮から会社を辞める人が多いという。専門家は「介護をする側になったとしても絶対に会社を辞めてはいけない」と口をそろえるが、実際には難しい。そして、介護離職した人の多くが貧困に苦しんでいる。

「政府は介護離職の裏側にある深刻さが分かっていない」（同前）——生活困窮者を支援する特定非営利（ＮＰＯ）法人「ほっとプラス」の藤田孝典代表は

こう憤る。藤田氏は、介護離職など「普通に暮らしていた人がたった一つの想定外で簡単に貧困に陥ってしまうのが現状」（同前）だと指摘。かつては日雇い労働者など貯蓄できなかった人の相談が多かったのに対し、ここ数年は元銀行員や元公務員など比較的裕福に暮らしていた人が貧困の相談に来るようになったという。

総務省の統計によると、現在、一五歳以上の日本人のうち約五五七万人が介護をしている。このうち二六六万人が給与を得られる仕事に就いていない。また別な統計では、介護に従事している四人に一人がうつ病を患っている。介護が離職を招き、離職が貧困をもたらす。または介護がうつ病を患わせ、あるいは貧困からうつ病を発症してしまう人もいる。

報道されている通り、最近では貧困や介護のストレスなどから身内が身内を殺すなどといった悲惨な事件が後を絶たない。本章の冒頭で触れた利根川での事件の他にも、つい最近では八三歳の夫が認知症の妻（七七歳）と無理心中を図るために殺害するという痛ましい事件が起きている。逮捕された夫は食事を拒み続け、点滴での栄養補給を強いられるも死亡した。

家庭での介護は一見すると介護の形態として理想的に映るが、こういった負のスパイラルに突入するリスクが常にあるということを忘れてはならない。裕福な家庭が介護をきっかけに一気に貧困へと転落するケースも往々にして起こっている。今や、介護を巡って家庭が崩壊するケースなど珍しいことでも何でもない。高齢化がさらに進展していくことを考慮すれば、介護を巡る家族崩壊は「今、そこにある危機」なのだ。そして、あなたも例外ではない。

「家族依存型福祉」の限界

かつて数世代が同居する大家族が多かった頃は、介護や子育てなどは基本的に家族内でまかなえた。いわゆる「自助」が成り立っていた時代である。しかし、当時と比べ日本の社会は大きく変容した。もちろん、いくら社会が変容しようとも「自分のことは自分でする」という自助の精神を意識することは大切だ。何から何までお上に頼めば良いということでは、早晩この国は潰れる。

戦後、地方から都市部へ流れ込んだ大勢の若者達は、将来の日本の担い手として「金の卵」と呼ばれた。無我夢中で働いた彼らの多くは、当時としては新しい住まい「団地」で四人家族という標準的な家庭を築くことを夢見た。そんな団地は、今では〝高齢者の孤独死が頻発する場所〟となっている（現在、東京二三区では平均して毎日一〇人の方が孤独死している）。

一九六〇年代には、日本の全世帯に占める核家族（夫婦や親子だけで構成される家族）の割合は五割を超えた。それからその割合はずっと高止まりしている。ところが、最近では「夫婦のみ」「子供のみ」という核家族世帯が劇的に増えていた。現在は四世帯に一世帯が「単独世帯」（世帯員が一人）となっている。これでは家族依存型の福祉は成り立たない。

「ＡＬＷＡＹＳ三丁目の夕日」という映画がある。日本が高度経済成長期に差し掛かる昭和三〇年代を舞台にした映画である。あの映画を見ればわかるが、あの頃から日本では核家族化が始まっていった。

核家族と言うと最近ではネガティブな意味合いで使用されることが多いが、あくまでも私たち日本人が豊かになる過程で選択したライフスタイルだ。しかし、「個々の自由」を手に入れることはできたであろうが、その引き換えとして家族や地域が提供してくれたセーフティーネットを失ったと言える。言うなれば自業自得であり、現状を「社会が悪い」と嘆いても仕方ない。

一方、行政側にも責任はある。日本には「家族依存型」の福祉が向いていると決めつけ、長期に亘って社会の変容をあえて無視して来た。結果、核家族の増加に公的なサポートが追い付いていないことにより様々な問題が生じている。

武蔵野大学で講師を務める舞田敏彦氏は、「核家族化は欧米諸国と同レベルで進んでいるのに『私依存型』福祉から脱却できない」（ニューズウィーク電子版二〇一六年二月一六日付）と日本の現状に警鐘を鳴らす。もはや家族依存型の福祉は限界に来ており、他国に比べると公的なサポートがあまりにも少ないという指摘だ。

高齢化の問題から話は逸れるが、少し前に「保育園落ちた　日本死ね!!!」というネット上への投稿がメディアを巻き込んで論争を呼んだことがある。投稿した人物は、一人の息子を持つ三〇代前半の母親だ。子供を産むまでは事務職に就いており、育児休暇が終わったことをきっかけに再び働きだそうとしたが、子供を保育園に預けられず、理不尽さを感じて独り言のつもりでネットへ投稿したとフジテレビの取材に答えている。

実際の投稿は、「不倫してもいいし賄賂受け取るのもどうでもいいから保育園増やせよ。オリンピックで何百億円無駄に使ってんだよ。エンブレムとかどうでもいいから保育園作れよ。有名なデザイナーに払う金あるなら保育園作れよ。どうすんだよ会社やめなくちゃならねーだろ。ふざけんな日本。」というとても汚い口調であった。「死ね」という表現は論外だが、ネット上ではこの投稿に対して賛同する声が相次いだのも事実である。

少子化とは言うものの、保育園に入所できない「待機児童」は一向に減少しない。厚生労働省によると、二〇一五年四月時点で全国には二万三〇〇〇人もの待機児童がいる。これでは「一億総活躍」というスローガンとは矛盾していると受け取られても無理はない。

なぜ、少子化にもかかわらず保育園の数は慢性的に不足しているのか。原因は、保育士の数が圧倒的に不足しているという点にある。その理由の一つが、介護士と同様に処遇が低いことだ。保育士の給与は全国平均で二〇万円強と、全産業平均に比べて一〇万円も低い。これでは保育士の数が増えないのも頷ける。保育施設も介護施設と似たような問題を孕んでいるというわけだ。

前出の舞田敏彦氏は「児童保育や高齢者介護など、日本の福祉は家族（私）依存型の性格が強い。しかしこれ以上、家族に負担を強いることには無理がある。家族依存型の福祉が限界に達していることを認識し、公的サポートを増やすことを本気で考えなければならない段階に日本は来ている」（同前）と指摘する。まさに正論だ。しかし、残念ながら本当のことを言わせていただくと、公的なサポートをさらに充実させることは率直に言って無理である。なぜなら、予算という制約があるからだ。

福祉の話になると、しばしば「日本も高福祉の北欧を見習え」という議論になる。たとえば高福祉国家として有名なスウェーデンでは、保育所が入所を希望する児童を拒否することはできないという法律により、待機児童の数はゼロだ。

とはいえ、こうした高福祉が実現できているのは健全な財政のおかげである。スウェーデンの政府債務残高（対ＧＤＰ比）は、二〇一五年末の時点で約四四％だ。近年は財政収支も黒字で推移している。これに対し、日本の政府債務残高は対ＧＤＰ比で二五〇％だ。これではスウェーデンの真似をしようともできるはずがない。今から大幅な財政赤字を覚悟して高福祉国家を実現しようとすれば、財政破綻は必至だ。国家が破綻してはお話にならない。結論からすると、これからの日本は福祉の公的サポートを期待できないばかりか、むしろ家族依存がより強まる恐れがある。

認知症患者一〇〇〇万人という現実

「二〇二五年、日本の認知症患者・認知症予備軍の数は合計一〇〇〇万人を突破する——。六五歳以上の三人に一人、全国民の約一〇人に一人がボケるという、人類の歴史でも類を見ない事態が、一〇年後に迫っている」（週刊現代　二〇一五年一一月二一日号）。

高齢化が日に日に深刻化する状況下、近年、とりわけ問題視されているのが認知症患者の増加だ。多くの専門家は認知症患者の増加は次第に深刻な社会問題に進展すると危惧している。厚生労働省によると、認知症を患っている人の数は二〇一二年時点で約四六二万人。それが、二〇二五年には七五〇万人にまで増える見込みだ。高齢者（六五歳以上）の五人に一人が罹患する計算となる。これに予備軍を合わせると、その数は二〇二五年に一〇〇〇万人にまで膨れ上がるというから驚きだ。

認知症患者の増加は、社会的コスト（第三者や社会が直接間接に受ける費用ないし損害）を劇的に増加させる。ちなみに米ミシガン大学の研究によると、認知症の社会的コストは、がん、心臓病、脳卒中よりも高額だ。慶応大学医学部と厚生労働科学研究（厚生労働省）の共同研究では、認知症における社会的コストは二〇一四年ですでに一四・五兆円にも上っている。こうした認知症の社会コストが、二〇二五年に向けて爆発的に膨らんでゆくのだ。

元大蔵省主計官で政策研究大学院大学名誉教授の松谷明彦氏は、前出の「週刊現代」で次のように警告している。

残念ながら、日本の人口が二〇六〇年頃まで減り続けること、そして現役世代と六五歳以上の高齢者の人口比率が限りなく『一対一』に近づくことは、現在の人口構成から確定しています。特効薬が開発されない限りは、認知症の高齢者も確実に増え続けるでしょう。一〇人に一人が認知症ともなれば、現在のような高い水準の介護・医療サービスをすべての人に行きわたらせることは、とうてい不可能と言わざるを得ません。財政破綻を避け、なおかつ現状の社会保障を維持しようとすると、現役世代の収入を九割以上召し上げなければならないからです。

――（週刊現代　二〇一五年一一月二一日号）

想像を絶するような話だ。ただでさえ、現役世代（四〇～六四歳）が支払う介護保険料は、年度ごとに過去最高を更新し続けている。現在（二〇一六年度見込み）の負担は、平均で月五三五二円の負担だ。決して安いとは言えない。

　そもそも団塊の世代が七五歳以上となる二〇二五年には、医療費が現在の一・五倍、介護費は現在の二・四倍まで膨れ上がる。政府の財政を考慮すると、現役世代の負担は今後も劇的に増えていく可能性が高い。負担の増加に加え、政府が在宅での介護を推奨していることもあり、今後は現役世代で身内の介護を迫られるケースが大幅に増加する。これは介護離職を招き、現役世代を貧困に導く。

　問題は金銭面の苦痛に留まらない。認知症の増加は社会不安をも増幅させ得る。近年、認知症患者の徘徊による事故が後を絶たないが、こうした事故は深刻なまでに増えていく可能性が高い。朝日新聞（二〇一六年二月二六日付）に

認知症の高齢者人口推移（推計）

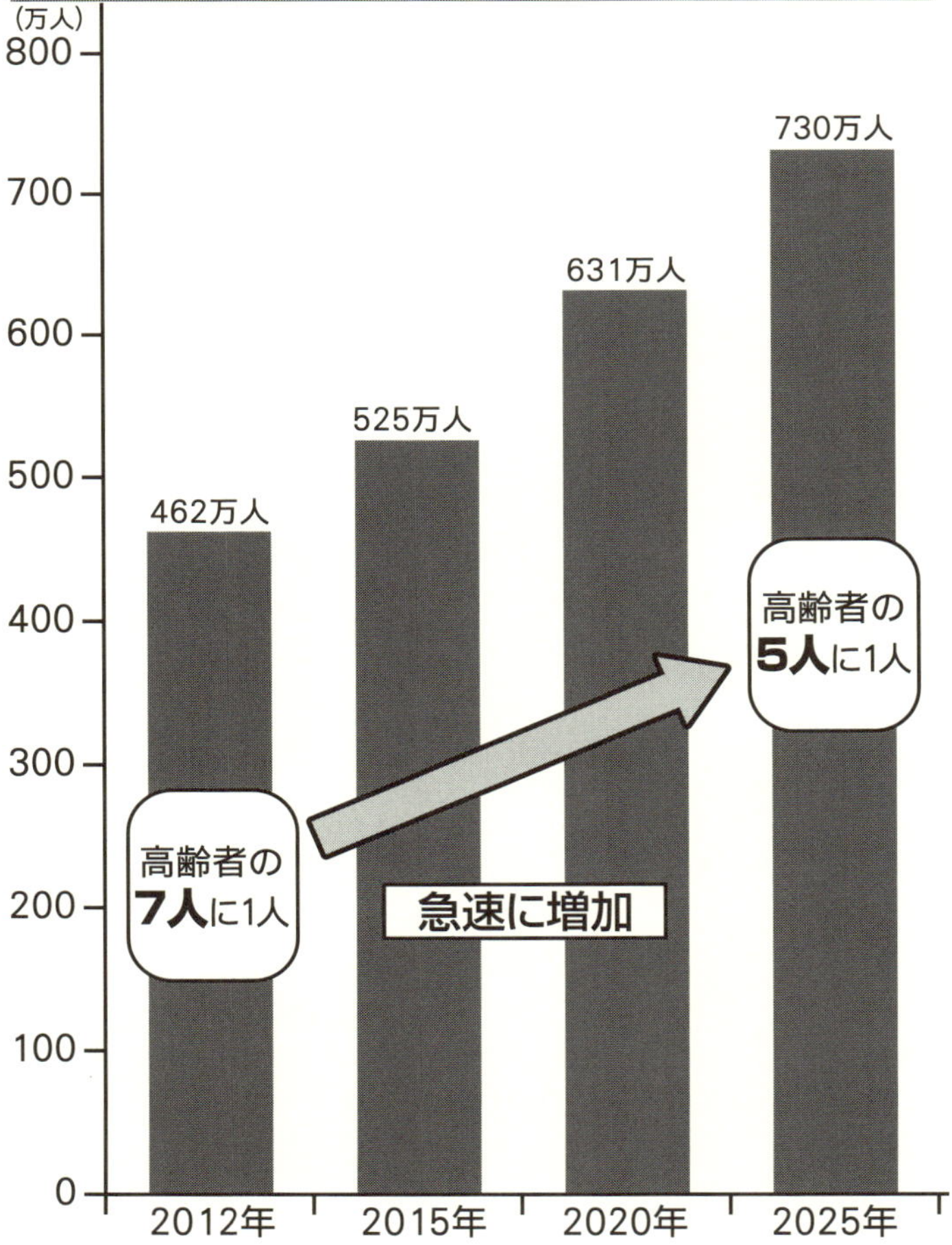

厚生労働省「日本における認知症の高齢者人口の将来推計に関する研究（平成26年度厚生労働科学研究費補助金特別研究事業九州大学二宮教授）による速報値」を基に作成

よると、二〇一四年度に認知症の人が当事者として死亡した鉄道事故は少なくとも二二件に上る。鉄道事故は遅延などを通して社会へ大きな影響を与えるため、鉄道各社も認知症患者への対策に本腰を入れているが、こうした事故は一向に減らない。

二〇一六年三月一日には、責任能力がない認知症男性（当時九一歳）が徘徊中に電車ではねられた事故で、家族が鉄道会社への賠償責任を負うかが争われた訴訟の上告審判決で、「家族が監督する立場にあった」（男性の妻に賠償を命じた）というそれまでの判決を最高裁が破棄したことが大きな注目を集めた。翌日の産経新聞は、この判決を受けて、

認知症患者の徘徊は、家族や介護施設にとって最も頭の痛い問題のひとつである。だからこそ、昨日の判決が注目されていた。認知症の男性が電車にはねられた事故をめぐり、最高裁は、ＪＲ東海の家族への賠償請求を否定した。患者の家族には監督責任がない場合もあると

認知症高齢者は10年後に700万人以上に増える

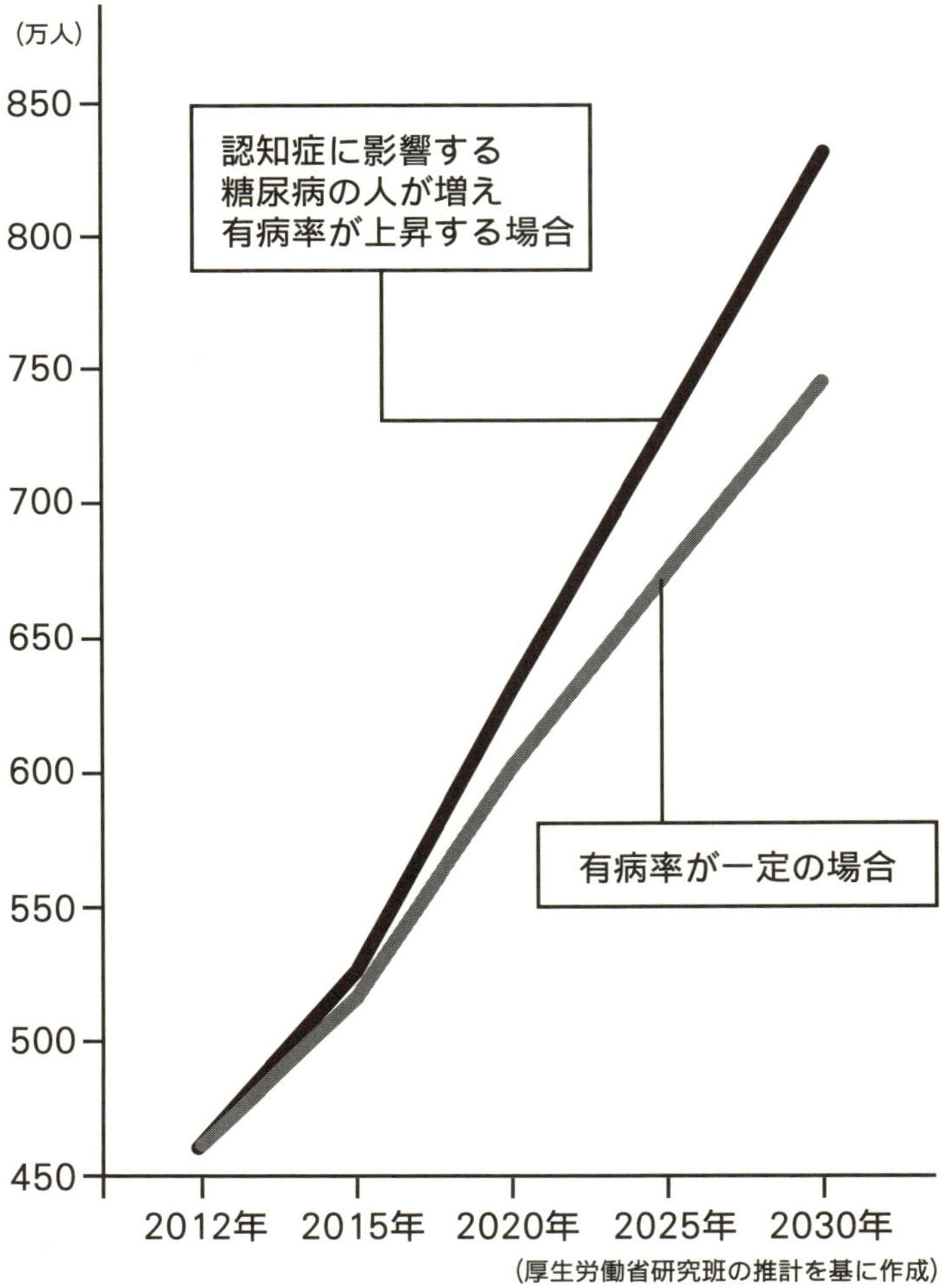

(厚生労働省研究班の推計を基に作成)

する、初めての判断を示したことになる。もちろん今回の判決は、鉄道会社の使命である安全運行を軽視したわけではない。介護の現場に横たわる、数々の不条理を正すきっかけにしなければならない。ともあれ、安堵の声が広がっているはずだ。一審、二審の判決通り賠償支払いを命じられていたら、介護に携わる人々は、保険に入るしか身を守る手立てはなくなる。

（産経新聞　二〇一六年三月二日付）

と論じ、最高裁の判断を尊重している。

私も最高裁の判断は正しいと思うが、今後はこうした認知症患者の徘徊による鉄道事故が大幅に増えていくということを日本の社会は真剣に覚悟しなくてはならない。たとえば、今回は損害を被ったのがＪＲ東海という大企業であったが、それが一般の市民であったらどうか？　一般の市民が認知症患者によって自動車事故などで多大な損害を被った際、家族に監督義務責任はない（補償を受けられない）ということになっては、被害者の生活は成り立たない。

実際、認知症患者による自動車事故も増えている。二〇一五年一〇月には、宮崎県で七人もの死傷者を出した事故も起きた。認知症患者の中にも認知症だという自覚がない人も多く、いつまでも自動車の運転ができるという思い込みから事故を起こしてしまうというケースも少なくない。本人にも悪気はないため何とも歯がゆい話だが、今後はこうした事故が大幅に増えていくということを、私たちは覚悟しておくべきだ。

これらの徘徊事故に加え、認知症患者が失踪するという事件も多発している。驚くべきことに、二〇一四年には一万七八三人もの人が認知症を主な原因として行方不明になった。認知症患者の資産を狙った詐欺や誘拐なども横行していると聞く。

とりわけ「老老介護」などの場合では、二四時間を通して認知症患者を監督するのは不可能である。認知症患者による事故は増えるものと想定し、被害者の生活を守るためにも民間の保険を活用することを周知することや、公的な補償サポートといった制度の確立を急ぐべきだ。

さもないと、在宅介護の現場での認知症患者を巡る事件もなくならないだろう。介護の疲れから殺人や心中を図るという事件が頻繁に報道されている。二〇一三年には、介護が必要な六五歳以上の高齢者がいる世帯のうち、介護する人も六五歳以上であるという「老老介護」の占める割合が初めて五割を突破した。しかし、これからは認知症の高齢者同士が介護をするという「認認介護」が問題になると言われている。もはや認認介護になると、事故が起きた際に介護する側（家族）に監督責任があるかないかなどということを言っている場合ではなくなる。外部の徹底したサポートがなければ、しかるべくして深刻な事故が多発する。悲しいかな、現時点では抜本的な対策はなく、もはやさらなるトラブルの増加は避けられない。

在宅介護が無理で施設に入れたとしても、前出の産経新聞が触れているように、介護現場でも認知症患者を巡るトラブルは後を絶たない。近年は介護施設の職員による入所者への暴力がクローズアップされることが多いが、実は認知症患者による職員への暴力もそれと同様に深刻だ。認知症患者から暴言や暴力を受けた施設の職員がストレスをため、それが最終的に介護者への虐待へと転化してしまうケースも多いという。

川崎市の事件が起きた後にインターネット上の短文投稿サイト（ツイッター）に以下のような書き込みがあった――「川崎の老人ホームの報道を見てて同じ介護職としてすごく共感する。これが現実です。そして、介護職員も同じように利用者からこういうことをされてます。（中略）（被害者の）ご家族様は（犯人を）介護しちゃいけない人だ！　と言っていましたが、だから、毎日自分が虐待しちゃいそうになる恐怖と戦いながら休憩仮眠も無い夜勤も毎日やってる。でも、介護は慢性的に人手不足で辞めたいけど辞められない現状なんです。怖くなり辞める介護職は後を絶たない。そしてまた人手不足」――この投稿には、介護職の人を中心に多くの賛同を集めている。

職員による殺人はもっての外だが、おそらく、私たちが想像しているよりも介護施設が置かれている状況は複雑かつ深刻だ。少なからず言えることは、多くの施設が致命的な負のスパイラルに陥っているということだ。正直、簡単な打開策などないのだ。

繰り返し強調しておくが、二〇二五年には（予備軍も含めた）認知症の患者数が一〇〇〇万人を突破すると言われている。その頃には、施設で介護を受けられない人が続出するどころか、受けられてもトラブルに見舞われるなど、もはや要介護者が安心して生きられる社会ではなくなっている可能性が高い。

まさに「介護暗黒の時代」が到来するのである。

第三章
病院へ行けなくなる日

医療機関が崩壊の瀬戸際にある

昨今、「老後破産」という言葉が巷を賑わせている。ワイドショーでは、「実際に老後の蓄えはいくらあれば足りるのか?」といった報道が多い。確かに、人生は何歳まで続くかわからないものであり、多くの人は漠然とこういった疑問を持っていることだろう。

様々な試算があるが、一般的には一人暮らしであれば、二〇年間の生活に必要な貯蓄額は一〇〇〇万円で、二人以上の世帯だと一八〇〇万円ほど必要だといわれる。これが三〇年になるとそれぞれ一五〇〇万円、二七〇〇万円が必要だ。それゆえワイドショーなどでは、「退職後には二人で最低でも三〇〇〇万円の準備金がなければならない」と解説されることが多い。

もっとも、最近ではこの金額に「長生きリスク」を考慮した方がいいという識者が増えている。この長生きリスクとは、単純に長生きするほど生活費がかさむということを指しているわけではない。長生きすればするほど必要になる介護費と医療費を考慮しなければならないというものだ。

では、お金さえ持っていれば確実に医療を受けられるのだろうか。一般的な認識では、その答えは「イエス」であろう。ところが、日本の一部地域では「医療崩壊」が叫ばれており、そう遠くない将来に〝医療をまともに受けられない時代〟がやって来る可能性さえある。

世界保健機関（WHO）やOECDが指摘している通り、日本の医療レベルは名実ともに世界一だ。最近では、海外から医療ツーリズムを目的に来日する人も多い。ところが、その裏では医療崩壊とも呼べる事態が進行している。しかも、それは地方ではなく首都圏においてだ。

東京大学医科学研究所で特任教授を務める上昌広氏は、情報サイト「ビジネス・ジャーナル」（二〇一五年一一月一日付）でこう指摘する。

――

本連載前回記事で東京の医療が崩壊の瀬戸際にあるという実態を紹

介したところ、多くの知人から連絡をもらった。「日本医科大学のような名門私大が経営危機なんて本当か。どこも報じていないし、にわかには信じられない。厚労省や東京都はどう考えているのだ」という主旨が多かった。残念ながら本当だ。日本医大が公表している財務諸表を見れば、一目瞭然だ。二〇一四年度、売上高利益率はマイナス一九・四％の赤字だし、流動比率（＝負債の返済能力を計る指標の一つ。流動資産が流動負債より多いかどうかを示し、通常は一二〇％以上が望ましいとされる）は六九・五％である。

（ビジネス・ジャーナル　二〇一五年一一月一日付）

上昌氏は同年一〇月一〇日にも同サイトで「首都圏の医療が崩壊の瀬戸際にある」と論じて大きな波紋を広げている――

――

東京には一三もの大学医学部がある。人口あたりの医師数も、徳島や京都と並び全国トップレベルだ。東京の医療が崩壊の瀬戸際にあると言われても、多くの方は実感できないだろう。ところが事態は深刻だ。誰も問題を認識しない間に首都圏の医療崩壊は加速しつつある。最近になって、ようやく一部のメディアが問題を報じるようになった。月刊誌「選択」（二〇一五年九月号／選択出版）は首都圏の私立医科大学の経営危機を報じた。

（ビジネス・ジャーナル　二〇一五年一〇月一〇日付）

私も「選択」を愛読しているが、その「選択」によると、日本最古の私立医大として名高い日本医科大学（東京・文京区）は、平成二五年度に二九億円、平成二六年度に一五八億円の赤字を計上している。また、総資本を自己資本で割った財務レバレッジは三九四％と大幅な債務超過。前出の上昌氏は、「普通の企業なら倒産寸前の状態」だと断じる。しかも経営が悪化しているのは日本医大だけではなく、神奈川県の聖マリアンナ医大や北里大学なども赤字だ。

「選択」は、次々と首都圏の医療機関が経営危機に陥っている大きな理由として人件費の高さを挙げる。日本看護協会によると、全国の看護師の平均年収は四七三万円だが、東京都に限るとそれは五二三万円だ。しかし、病院が受け取る診療報酬は全国一律の公定価格である。そのため、自ずと人件費が高い首都圏の医療機関の利幅が薄くなるのだ。しかも、医療業界は慢性的な人手不足の状態にある。ある程度、待遇を良くしなければ看護師が集まらないのだ。

さらにはこうした構造的な問題に加え、消費税の負担が重くのしかかっていると「選択」は指摘する――「医療機関は薬や医療機器を購入する際に消費税を負担する一方、診療報酬は非課税で患者や保険組合に請求できない。それゆえ、消費税分は持ち出しになってしまう」（選択　二〇一五年九月号）。記事によると、地方病院のなかで非常に高い評価を得ている亀田総合病院（千葉県鴨川市）でさえも、消費税によって甚大な打撃を被ったようだ。消費税が五から八%に上がった二〇一四年には、五億円の赤字を計上。ボーナスもカットされたようだ。評価の高い国内有数の大病院でもこのありさまである。

医療ガバナンス学会が発行するメールマガジン「ＭＲＩＣ」（二〇一四年二月二日付）によると、近年の日本の医療機関の損益分岐点は九四％前後だ。これは、日本の医療機関のほとんどが数％の収入の低下で赤字に転落する危険水域に位置していることを物語っている。医療機関からすると、「数％の消費税が命取りになる」というのだ。実際、二〇一四年の時点で日本の医療機関の半数が赤字を計上していると記事は伝えている。

では、医療機関の倒産が相次いでいるかと言うと、実はそうでもない。医療機関の倒産がピークを迎えたのは、妊婦のたらいまわしなどがメディアを賑わし「医療崩壊」が叫ばれた二〇〇〇年代後半の頃である。帝国データバンクによると、過去最高を記録した二〇〇九年には五一もの医療機関が倒産した。直近（二〇一四年）のそれは、二九件と当時と比べると低水準で推移している。もちろん、油断は禁物だ。

医療機関の倒産を減らすには、単純に診療報酬を引き上げる必要がある。目下、医療機関にかかる消費増税の負担に対して診療報酬の増加が追いついていない。こうした構造的な課題があるからこそ、半数の医療機関が赤字を余儀なくされている。ただし、ご存知のように日本政府の財政も火の車だ。政府からすると診療報酬の増加をなるべく抑制したい。

私たち国民も診療報酬のさらなる増額には抵抗を示している。日本経済新聞（電子版）が二〇二三年末に実施した調査によると、「診療報酬は長期的にどうすべきですか」という問いに約五四％の人が「引き下げるべきだ」と答えた。多くの人が日本の財政赤字を憂慮していることを如実に示している。

深刻な日本政府の財政赤字を考慮すれば、診療報酬の増額に慎重になるのは当然だ。とはいえ、診療報酬を上げるか利用者の負担分を上げるかしない限り、現在でも経営が厳しい日本の医療機関は、より窮地に追いやられる。

高齢者優遇の医療が医療崩壊を助長する

ただし、多くの国民は現役世代のさらなる負担増加には反対だ。現状、医療

医療費の自己負担割合

（2016年3月現在）

70歳未満	原則	3割
	未就学児	2割
70～74歳	原則	2割
	現役並み所得者	3割
75歳以上	原則	1割
	現役並み所得者	3割

※現役並み所得者は夫婦で520万円以上、単身者で383万円以上が目安。70～74歳のうち2015年3月末までに70歳に達していれば1割

費の自己負担割合は七〇歳未満の現役世代は原則三割を負担する一方、七五歳以上は原則一割負担となっている。こうした格差を現役世代が許容する可能性は低く、単純に考えると高齢者（七五歳以上）の負担増は避けられそうにない。

しかし、日本の政治は〝シルバー民主主義〟だ。シルバー民主主義とは「投票率が高く、年齢層からみた多数派である高齢者集団を中心とした民主主義」を指す。選挙の際、基本的に日本の政治家は投票率が低く人口動態から見ても〝少数派〟である若者からの支持を率先して取り込もうとはしない。〝多数派〟である高齢者からの支持集めに奔走する。政治家は当選こそが絶対条件だ。それだけに、政治家からすると高齢者の支持を失うことだけは避けたい。日本経済にとって高コストだとわかっていても、結局は高齢者優遇策を優先させる。

これは、有権者の人口構成および動態を見れば明らかだ。二〇一三年時点で、有権者に占める六〇歳以上の割合は四四％に達している。一方で二〇代の占める割合は一四％でしかない。一九八〇年の二〇％から確実に減少しており、少子高齢化は今後ますます深刻化するため、この傾向に歯止めがかかることはない。日本のシルバー民主主義はより確固たるものになっていく。それゆえ、率直に言って医療崩壊を避けるためには高齢者の意識改革が不可欠だ。

経済協力開発機構（ＯＥＣＤ）によると、日本は国民一人当たりの受診回数が年一三回と、加盟国で突出して多い。最大の理由は、自己負担率の低さにある。前述したように、七五歳以上の高齢者は病院にかかっても費用の一割を支払うだけですむ。二〇一一年度、七〇歳以上の国民一人当たり医療費は約八九万円を計上した。これは七〇歳未満（自己負担率三割）の医療費のおよそ四倍にあたる。自己負担が少ないため、七〇歳以上の高齢者の中には病院を「憩いの場」（交流の場）としている人が少なくない。すべての平日を病院で過ごす、という人もいるという。

医療への支出は、社会保障関係費の中でも最大のシェア（約四割）だ。しかも過去五年間の伸びは二四％と、年金給付（九％）の伸びをも大きく上回っている。何らかの対策を講じない限り、医療への支出は今後もうなぎ上りで増えていくに違いない。

結論からすると、高齢者が自己負担の増額を受け入れない限り、日本の医療機関の経営が改善することはないだろう。無策のまま、消費税がさらに上がるなどすれば（＝病院側の負担がさらに増えれば）もはや万事休すだ。正直、早急に病院の経営を巡る状況が改善することは考えづらく、このままでは医療関連の倒産が劇的に増えていく恐れが強い。

不足する首都圏の医師

一方で、現状においても廃業や解散などによって事業の継続が困難な状況に追い込まれる医療機関が急増している。帝国データバンクによると、その数（一年以内に再開する可能性がある休止を含む）は二〇〇七年の一二一件に対し、二〇一一年は二倍以上の二六三件までに増えた。二〇一四年には三四七件にまで達している。

これには多くの理由が取り沙汰されているが、経営者の高齢化をその理由に

都道府県別の人口10万人あたりの病院病床数

(※2014年10月1日時点)

	順位	都道府県名	病床数(床)
多い県	1	高知	2482.4
	2	鹿児島	2054.9
	3	熊本	1961.5
	4	徳島	1943.1
	5	長崎	1932.2

	順位	都道府県名	病床数(床)
少ない県	1	神奈川	814.9
	2	埼玉	857.3
	3	愛知	908.9
	4	千葉	938.0
	5	東京	949.3

厚生労働省「2014年医療施設（静態・動態）調査・病院報告」を基に作成

挙げる有識者が少なくない。実際、二〇一四年に廃業や解散に追い込まれた医療機関の七割以上で代表者が六〇代以上だったことが判明している。直接的な原因は不明だが、後継者不足や事業継承の難しさから廃業に追い込まれたケースは少なくないはずだ。

前出の上昌広氏（東京大学医科学研究所特任教授）は、少なくない医療機関の経営不振や医師の高齢化を背景に、とりわけ首都圏では「医師不足」が進行していると危惧する――。

意外かもしれないが、首都圏に医師は多くない。人口一〇万人あたりの地方別医師数は首都圏（以下、東京都・神奈川県・埼玉県・千葉県を指す）二三〇人に対し、四国二七八人、九州北部二八七人だ。実に二割以上の差がある。多くの読者は「東京に病院が多いので、埼玉、千葉、神奈川には多少病院が少なくても問題ない」とお考えだろうが、この考えは正しくない。首都圏を平均すれば、この地域の医師数は決

診療報酬、医療費をどう考えるか？

1.診療報酬改定の決着（0.1%増）をどう評価しますか

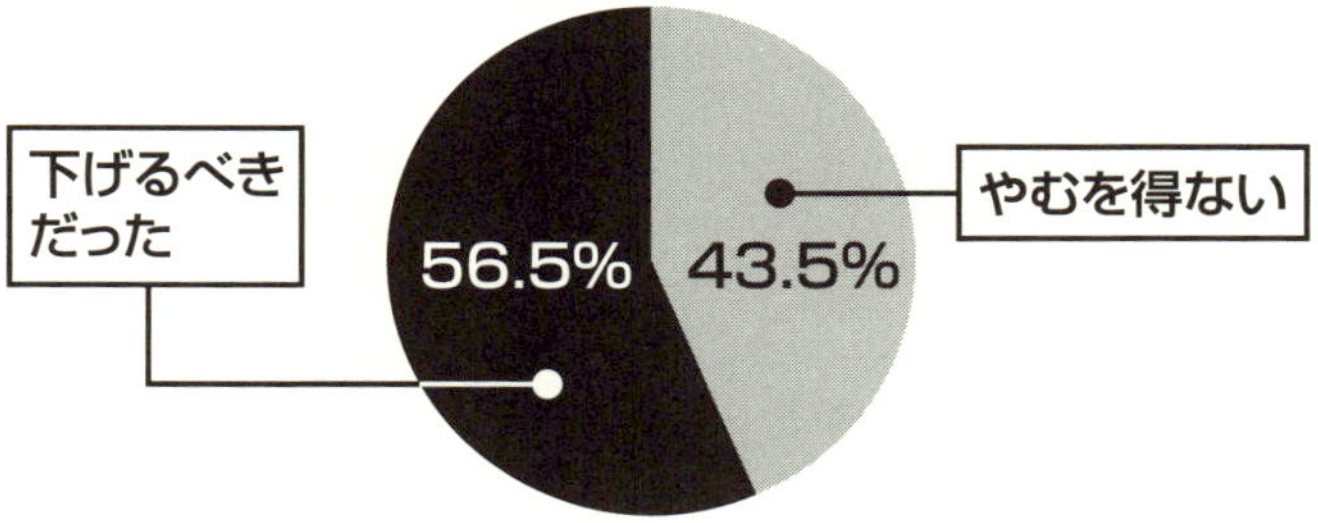

2.診療報酬は長期的にはどうすべきですか

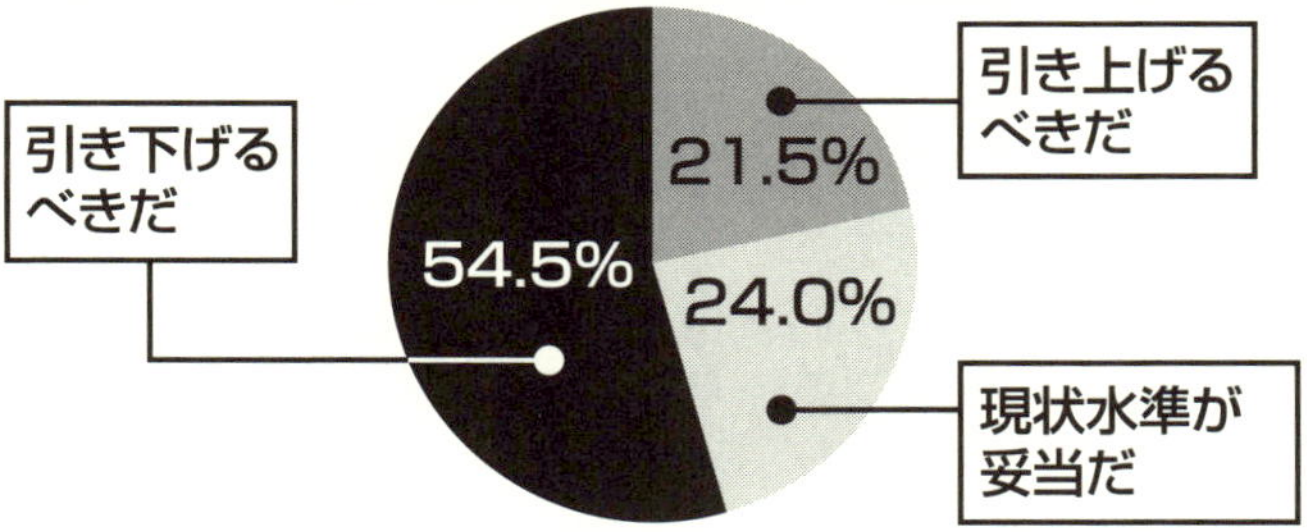

3.医療費はどう賄うべきですか

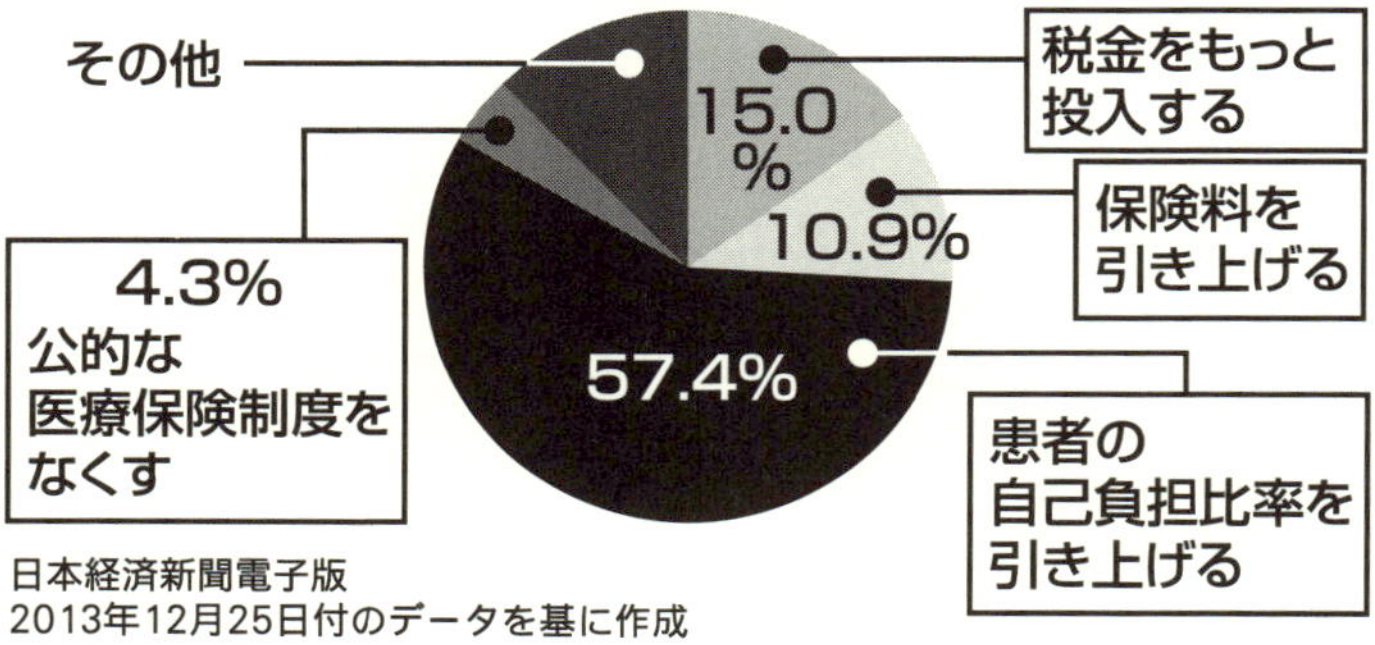

日本経済新聞電子版
2013年12月25日付のデータを基に作成

して多くない。東京の受け入れ能力には限界がある。逆に考えれば、東京都以外の首都圏の医師不足が極めて深刻であるということも可能だ。人口一〇万人当たりの医師数は東京都三一四人に対し、埼玉県一五五人、千葉県一七九人、神奈川県二〇二人。南米や中東並みの数字である。さらに、首都圏の問題は、東京の医療機関が極度に偏在していることである。（中略）江戸川区や足立区などの東部、多摩地区などの西部の医師数は中東並みだ。つまり、東京に隣接する他府県の人が、東京の医療機関を受診する際には、東京中心まで通わなければならないことになる。外傷や検査などの一時的な入院ならまだしも、慢性疾患や要介護状態の患者が継続的に通うのは困難だ。

（ビジネス・ジャーナル　二〇一五年一一月一日付）

前述したように、日本の医療レベルは間違いなく世界一である。しかし、人口一〇〇〇人あたりの医師数は約二・三人となり、今でも世界的には五五位の

人数の医師しかいない。そう遠くない将来に「誰でも当たり前に医者に診てもらえる」時代は終焉を迎える可能性が高いのだ。まず、医療機関の経営状態の悪化、そして医師の高齢化は確実に医療業界の縮小を招く。また、全国的に見て医師の数が足りていると言っても地域格差が大きい。上述してきたように、首都圏など一部の地域ではすでに「医療崩壊」が現実味を帯び始めた。

こうした状況に日本政府の財政赤字が追い打ちをかける。現行の医療制度では、患者の入院期間が長引けば長引くほど医療機関が受け取る診療報酬は減額されてしまう。そのため、ほとんどの病院は患者の長期滞在を渋る。今では、高齢な患者が半ば強引に病院を出されるケースも珍しいことではない。さらなる入院を希望するのであれば、病院の減収分を患者側が負担する必要がある。それができなければ在宅で治療するほかない。

では、お金さえあれば結局は安泰か？　確かに、所得に起因した医療格差（医療サービスの高付加価値化、高額化によって、所得により受けられる医療サービスの格差）は広がる一方である。しかし、今後は地域によってはお金があったとしてもちゃんとした医療を受けられない人も出て来るに違いない。特に、これから高齢化が激化する都市部では近い将来、絶対的に病床数が足りなくなるとも言われている。こうなると、お金があったとしてもまともな医療サービスを受けられる保証はない。

団塊の世代が後期高齢者（七五歳以上）となる二〇二五年はもはや目前だ。それに向けた社会的な準備は残念ながらまったく進んでいない。私も含めて、まだ心のどこかでほとんどの日本人が「何とかなるだろう」と思い込んでいる。しかし、人類史上でまだ誰も経験したことのないすさまじいスピードでの高齢化が現実になるのだ。

このままでは日本の医療や介護は確実に崩壊する。

第四章
行き場のない老後難民の大発生

超高齢化した社会のシミュレーション

ここまでで見て来た通り、わが国の年金、介護、医療はもはや維持が困難な状況に差し掛かっている。すでに現場では崩壊の予兆が始まっており、年金は今の支給水準を維持することはほぼ不可能な限界状況に達している。ここに、国家破産が津波のように押し寄せて来たら、果たして私たち庶民の生活はどうなってしまうのだろうか。

この章では、「佐藤 修」というある架空の人物の目線を借りて、超高齢化と財政破綻が決定的となった十数年後の社会を見てみよう。デフォルトやハイパーインフレという極限状態ではなく、日本が自律的に財政緊縮策を実施していると仮定し、所得水準が平均以上であった家庭がどうなるかをシミュレーションしている。私が他著で説明するような、究極の国家的貧困状態ではないが、逆に言えば「少なくともこの程度のことは当然起きる」と思っていただくとよいだろう。中には少々生々しい表現もあるかもしれないが、事態の深刻さをより具体的に実感してもらいたいため、あえてぼかさずに表現している。

「一億総貧乏化計画」

「また卵と漬物か……」

ここ数ヵ月、変わり映えのしない朝食に修はついうっかり口を滑らせ、その直後にしまったと思った。しかし時すでに遅し、すかさず妻の由美子がトゲのある声で切り返してきた。

「しょうがないでしょ!?　モノが高いの、あなたも知ってるでしょうに」

うかつだった……大き過ぎた独り言を軽く後悔し、取ってつけたように「うん。でも、卵かけご飯は飽きないよね。いただきます」と声を張ると、昨晩の残りを温め直した、やけに味の薄い味噌汁に箸を入れた。

ちょうど三年前の二〇ＸＸ年春、日本政府は長年の金融緩和と財政出動によって莫大な債務を抱え、いよいよ財政が危機的な状況に陥った。国債先物市場が制御不能の暴落を始め、これに追随して株式、為替の暴落というトリプル安が進行、「すわ、デフォルトか」とばかりに世界経済は危機モードに突入したのだ。のちに「ジャパン・ショック」と言われたこの金融パニックで日本の信用は一気に失墜、辛うじてBBマイナスにぶら下がっていた国債格付けは、Cマイナスに「飛び級」で格下げとなった。

今や経済規模はドイツ、インドにも抜かれ、数年内にはブラジルにも追い抜かれようという日本。社会保障費の膨張に起因した莫大な債務に加えて、輸入超過を主因とした経常赤字も常態化し、ハッキリ言えば世界経済にとって「危険な債務爆弾付きのお荷物」以外の何物でもなくなっていた。

そして、その債務爆弾がついに爆発したのである。IMFを始めとした主要国は、ここぞとばかり一斉に日本の放漫財政に強烈な非難を浴びせかけた。ニューヨーク連邦準備銀行の総裁に至っては「長年に亘る、犯罪的と言うべき日本の金融・財政政策の無為・無能・無計画の帰結」とまで言葉を極めた。「イエスは放蕩息子を許せと説いたが、日本には寛容より懲罰が必要だ」――救済の条件には過去に類を見ない厳しい財政再建策を提示するべき、と囲みのメディアに訴えた総裁は、その後欧米系のネット上の世論で大きな喝采を浴びた。

こうした背景から導入された日本政府の財政再建プラン、通称「一億総質実化計画」は、名前とは似ても似つかぬ、苛烈な内容のものとなった。

手始めに実施されるのは、公務員数を三分の一削減、そしてその給与を三割削減、最低賃金の二割引き下げ、新規公共投資の七割を凍結、年金四割カット、医療・介護報酬の三割カット、消費税一〇％アップ、酒、タバコ、ガソリンなどの税率二五％アップ、所得税を最大一〇％引き上げ、公的機関民営化、士業・医療・教育・観光などの参入規制撤廃……かねてから深刻な不況と物価高が進んでいた折、この緊縮財政プランが発動されるとすさまじい恐慌の嵐が吹き荒れた。インフレ率は公表値二五％だったが、ある民間企業の調査によると実質ベースでは七五％を優に超えていたという。あらゆるモノの値段が上がり、公共機関は医療・介護・交通・治安などいずれも目に見えてサービスレベルが劣化した。人々はこのプランを「一億総貧乏化計画」「一億総乞食プラン」と揶揄した。新聞に描かれる首相の風刺画は、悪魔か貧乏神がお決まりとなり、政権支持率は歴代最低の竹下内閣をもしのぐ五％台を記録した。

この「一億総貧乏化計画」は、年金暮らしの修夫婦にも容赦なく襲い掛かって来た。定年退職した時には蓄えと退職金、そして年金で死ぬまで悠々自適の生活が送れると思い、特に何も対策をして来なかったが、今にして思えばまったく甘い読みだった。毎年の物価上昇に年金が追いつかず、貯蓄の切り崩しペースは年々加速していった。

そして、件の「貧乏化計画」が始まるといよいよ家計に黄信号が灯ったのだ。遅まきながら、由美子はつけ慣れない家計簿で財産防衛を始めた。「家計リストラ」の手は車、家賃、年一回の夫婦旅行から食費にまでおよび、その結果たどり着いたのが毎朝の「卵と漬物」である。以前ならクロワッサンにハーブ入りウインナーと目玉焼き、それにサラダかスムージーを付け、食後は淹れたてのコーヒーが朝の定番だった。コーヒーは必ず修が豆から挽いて入れるのが儀式で、由美子も大いに喜んでくれた。会社の永年勤続休暇を使って由美子とブラジルに旅行した際、ビックリするほど美味しいコーヒーにめぐり会い、それからすっかりはまったのだった。以来、定期的に現地から豆を送ってもらうほどこだわっていたのだが、しかし、思い入れがあった長年の朝の楽しみも、由美子の苛烈な「リストラ」であっけなく終了となった。「コーヒーだけで卵何個分になると思うの？」こういう時、女性という生き物は実に現実的にできている。その卵も最近値上がりが著しいらしく、そう遠くない未来には「リストラ」されるかもしれない。「わが佐藤家もいよいよ下流の仲間入りか……」今度は由美子に悟られぬよう、ため息交じりにひとりごちた。

はびこる厭世気分

修はあまりテレビを見ない。若い頃は朝からよく見ていたが、ある時週刊誌の記者をやっていた友人に「テレビなんてしょせんショーだよ。あんなのに時間を使うやつはバカだ」とメディアの裏話を聞いて以来、朝の情報源は新聞一本に絞った。もちろん、今はネットのニュースサイトを使っている。この日もタブレット端末をタップし、お決まりのサイトの流し読みを始めた。

「『長生きしたくない』が首位　毎朝デイリーニュース」

画面をスワイプする手が、無意識に止まった。つい気になって見出しをタップすると、その内容は新聞社が一〇代、二〇代向けに独自調査した「将来に関する悩み」の首位が「長生きしたくない」だったというものだった。くだらない……こんな調査に労力を割くなんて、新聞社はよほどヒマなのか？　そう毒づきながら、しかし修はこれが今の日本の雰囲気を端的に表していることに、えもいわれぬ薄ら寒い気分を感じていた。

これから生きる時間の方が長い若者にとって、将来の悩みといえば仕事や恋愛、お金のことなど、もっと前向きなものだろう？　少なくとも自分がその年の頃は、そういう前向きな悩みが主流だったはずだ。修は、自分が青春を過ごした一九八〇年代のことを思い出していた。高度経済成長によって「一億総中流」という言葉が流行った七〇年代。モノに囲まれ物質的には不自由ない幼少期を過ごした修でも、欲しいものはまだまだあった。クルマ、ファッション、恋愛……大学進学で上京し、一人暮らしを始めた修にとって、少ないバイト代でそうしたより豊かなライフスタイルへの欲求を満たすことは到底かなわなかった。しかし、その反動がバネとなり、就職してからはしゃかりきに働いた。時は折しもプラザ合意後の円高不況の真っただ中だったが、働いた分より豊かになれると信じて働き倒した。実際、憧れていた豊かさの象徴は一通り手に入れることができた。

就職から二年後には伴侶にも恵まれた。由美子は同じ部署の二年後輩で、高卒入社組だった。由美子も修と同じく地方出身者で、東京の豊かな暮らしに憧れを持っていた。オシャレなもの、美味しいもの、目新しい物好きの二人はすぐに意気投合し、休みの日にはよく繁華街に出向いて消費を謳歌した。しかし、結婚してからはすっかり仕事の虫に逆戻りし、平日は家には寝に帰るだけというう日々を送った。「二四時間、戦えますか」というCMが流行ると、これこそまさに自分のテーマ曲とばかり、明かりの消えたオフィスで残業中に口ずさんだ。バブルの狂乱が訪れると、この大好機に乗り遅れてはなるまいと一緒に踊り狂った。バブルがあっけなく弾け、同僚に勧められた株式投資でけっこうな大穴をあけていたことがわかったが、その当時は「そのうち、またいい時代が来るだろう」と楽観的に考えていた。

しかし、「失われた二〇年」によって、その後の日本社会は修が経験したバラ色の時代から完全に風向きを変えていった。物質的に完全飽和した時代に育った若者たちは、その代償として未来に対する希望を失い、もはや修の時代のような物欲や経済欲さえ持ち得なくなっていった。「ゆとり世代」「さとり世代」「草食男子」……日本人がどんどん勢いを失っている、という実感は年を追うごとに増していった。二〇二〇年の東京五輪の翌々年に定年退職した修にとって、もう数年も若者との直接の接点はなくなっていたが、ネットの記事を読んだだけですら、懸念する傾向がいよいよ来るところまで来てしまっているという感覚を持った。

一方で修は、なんとも苦々しい思いも同時に感じていた。実のところ「長生きしたくない」という覇気のない若者たちを責めるどころか、むしろ自分の方が「早くお迎えが来て欲しい」と思っているくらいなのだ。若い彼らを不甲斐ないと言い捨てるのは簡単だが、自分も負けず劣らずの不甲斐ない高齢者である。ただ、それを素直に認めるのは、まだ辛うじて残っているプライドが許さなかった。それに、こうも悲観的になるのは自分や若者の不甲斐なさというより、世の中のせいだという思いもあった。ここ数年で明らかに激増した高齢者関連のニュースや事件を見れば、誰だって悲観したくなるだろう。現に、そうした悲観論に押しつぶされ、自殺をする高齢者はすさまじい勢いで増えている。かつて経済危機に陥ったロシアや韓国では、人生を悲観した高齢者の自殺率が跳ね上がった。そして今、日本の高齢者自殺率はＯＥＣＤ三〇ヵ国中ダントツの一位だ。経済危機後のロシアや韓国の当時の国民心理は「お先真っ暗」「人々の精神が崩壊していく恐怖」というもので占められていたという。それに照らせば今の日本国民の心理状態は、お先真っ暗どころか生きて地獄を見るぐらいなら死んだ方がマシということだ。

思考のループを抜け、ふっと我に返るとクローゼットの上に飾られた写真が目に飛び込んできた。数年前、今は施設にいる母がまだ元気だった頃に撮ったもので、満開の桜の下、由美子と二人でファインダー越しの修に満面の笑みを浮かべている、母のお気に入りの一枚だ。桜が見たいわねという母の提案で、電車を乗り継いで秩父まで出かけたあの春以来、母とは旅行に行っていない。またいつか、行ける日が来るのだろうか。いや、それよりむしろ、ニュースや事件で伝えられるような目に遭って苦しんではいないか。母の置かれた境遇を想像すると、胸が潰れるような苦しさと同時に、「明日は自分もそうなるのでは」という恐怖で目の前が真っ暗になった。

姥捨て山——介護の崩壊

一五年前、修の父はガンで亡くなった。父は絵に描いたような堅物の地方銀行員だったが、管理職を勤めあげ平均的なサラリーマンよりはるかに多い年金を支給され、また蓄えもそれなりにあった。四九日が明けると、修はさっそく母に東京での同居を働きかけた。実家での一人暮らしが気がかりだからと説明したが、母と同居をすれば経済的にもだいぶゆとりができるという下心もあった。幸いにも由美子と母との折り合いもよく、同居生活は順調に始まった。数年前に母が認知症を患ってからも、しばらくは同居を続けていた。

しかし、認知症がひどくなるにつれ、同居は難しくなっていった。深夜徘徊でたびたび警察沙汰になり、いよいよ手に負えない状態になってきたことに加え、ひどい物忘れや人物誤認、妄想が現れ、性格も攻撃的・暴力的になっていったのだ。そして、ついに心配していたことが現実になってしまう。母が近所のスーパーで万引きをし、これを監視員に見とがめられたところ、逆上して売り場の果物ナイフを振り回し、監視員に大けがをさせるという事件を起こしてしまったのだ。これをきっかけに、もはや自分たちだけで母の面倒を見ることはできないと考え、修は泣く泣く母を施設に入れる決断をした。

しかし、施設入所は恐ろしくハードルが高くなっていた。母は父からの遺産の多くを証券会社に入れていたが、営業員の言いなりに株などを買い、数年前の世界恐慌で大きく目減りさせていた。また、その後の深刻なインフレによって、介護施設の利用料も高騰していた。そのため、「いざとなったら父の遺産を使い、料金の高い有料老人ホームにすぐに入所させよう」という計算がまったく成り立たなくなっていたのだ。焦った修は、とにかく受け入れてくれる施設を探し回った。近隣の施設といえば、入居一〇〇〇人待ちの特養（特別養護老人ホーム）か高額な料金の有料老人ホーム、一時預かりしかできない通所介護の施設、リハビリ目的の老健（介護老人保健施設）しかなかった。しかも、修の母は認知症で認識能力は衰えたものの、身体能力はかなりしっかりしていたため、せっかく入所枠がある施設を見つけても、暴れて手に負えなくなることを恐れてほとんどの施設が「入所拒否」と回答してきた。

引受先がなく途方に暮れていた時、かかりつけの医師に勧められたのが精神病院だった。施設を見つけるまでのつなぎとしてやむなく預けたが、なかなか本来入るべき施設は決まらず、結局一年ちょっと入院させることになった。その間、母の症状は要介護２（軽度の介護が必要）から要介護５（排せつや食事も自分でできない）に、いささか異常さを感じるほど急激なスピードで進行した。しかし、そのおかげでほとんど動けなくなった母を受け入れてくれる施設が何件か出てきたのだ。なんとも皮肉な話だった。

結局、受け入れ先は自宅から電車とバスを乗り継いで三時間以上もかかる、「郊外」といえば聞こえはいいが要は田舎の古びた一軒家のような施設になった。見学の時の施設の様子、また対応したスタッフからはある種のキナ臭さを感じてはいたが、母の病状、施設の設備や提供サービス、利用料などの条件に合うところを探してすでに一〇〇件以上もあたっていたため、とりあえず早く入れるなら正直何でもよいという心境だった。

母が入所してひと月ほどが経った。やっとひと段落つき、面会に行ってみると、母の様子が明らかにおかしくなっていた。挙動不審で目を合わせず、何かに怯えているようなのだ。面会時間が迫り、修が帰ろうと腰を上げると、突然母が泣きながら「家に帰りたい」と食い下がった。認知症が進んだための一時的症状だと思うことにし、その場はなんとかなだめすかして帰ったが、修はこの時とても嫌な予感を覚えた。そして、その予感は最悪の形で的中してしまう。

それは、修が住んでいる市の福祉課からの電話だった。「佐藤修さんですね」「はい」「お母様が入っている施設が破産しました」「……え？」「施設が破産したんです。これ以上介護を続けられないため、新たな施設を探すかご家族で引き取るかを選ばなければなりません」「えっ!?」

施設は元々経営が厳しかったが、先の「貧乏化計画」で年金のみならず介護報酬も大幅カットされたため、一気に経営難に陥ったのだ。しかも、介護サービスの酷い実態も明らかになった。個人のプライベート空間を重視していることを謳っていたが、実態は設備投資ができないためプライベートのない大部屋でプライベートのない生活を強いられていたのだ。見ず知らずの男女が入り混じっての大部屋生活は、ストレス以外の何物でもないだろう。また、慢性的に職員が不足していたため夜間の見回りは不十分で、入所者が夜中に施設を抜け出して警察沙汰になることもザラだった。トイレが部屋から遠くにあったため、夜間は大広間の一角に簡易トイレを置いてしのいでいたという。そのため、朝には部屋が臭気で満たされていたそうだ。職員が目を離した隙に認知症患者が汚物をまき散らかすといったことも頻繁に起き、衛生状態は劣悪を極めていた。ある年の冬には、入居者の半分がノロウイルスに感染して、立て続けに病院に送られるという事件も起きていた。

さらに、職員による虐待が常態化していることも明るみになった。暴れる恐れがあるからと拘束具を着けることが日常化し、ひどい時には言うことを聞かせるために暴行を加えたり、真冬に頭から水をかけたりもしたそうだ。そんな事情を知る一部の周辺住民からは、暴行で死者が出なかったのは奇跡的だという証言も飛び出した。

不要な介護サービスやリハビリメニューを無理やり受けさせ、介護報酬を嵩増ししていた疑いもあるという。また、家族と疎遠な入居者には生活保護申請させ、親族からの支払とは別に生活保護の給付金を不正に受給するといった悪質な手口も明らかになった。しかし、こんな姑息な手口を駆使しても救えないほどに、施設の経営は立ち行かなくなっていた。

修は慌てて施設探しを始めたが、調べれば調べるほどすさまじい介護現場の崩壊の実態がわかって来て、空恐ろしい気分になった。どうやら、破産した施設が他と比べて飛びぬけて劣悪な環境、悪質な経営を行なっていたわけではないようなのだ。大多数の施設は国の財政破綻と介護報酬カットを受けて経営難に陥っており、最低限の運営資金すらままならない。そのため、プライバシーも公衆衛生も、介護スタッフも、必要最低限の要件すら確保できない状態なのだ。多少おかしな職員でも、極端な話、過去に暴行や虐待を行なっていた者でも、別の施設で再び職員として働いているというありさまだ。何が入っているかわからないようなヤミ鍋のような流動食だけを出す施設、深夜徘徊の末に近くの森で遭難したことがきっかけで衰弱死したことをもみ消すケース、糞尿や吐瀉物にまみれた大部屋に定員の倍以上を押し込める無認可施設……人間の最低限の環境すら整っていない、保健所の犬猫と変わりない惨状。これではまるで、姥捨て山ではないか⁉　修は、自分の母があの施設でどんな目に遭ったのか、想像しただけで血の気が引いた。

そして現在、修は母を再び精神病院に入院させている。次の施設を見つけるにしても、なるべくまともなところを選びたいと考え、一時避難先としてやむなく入院させたのだ。あくまで次の施設を見つけるまでの一時的な措置であり、病院からは「早く施設を探して退院させてください」と矢のような催促を受けている。修だって、もちろんそうしたかった。介護の崩壊もひどいものだが、医療現場の崩壊も恐ろしいほどに進んでいたからだ。

「巨大火葬場事件」――医療の崩壊

ちょうどひと月前、ある地方都市の大病院でとんでもないスキャンダルが明るみに出た。なんと、精神科と高齢医療科の医局長クラスを巻き込んだ恒常的な若手医師へのパワハラ、患者に対する虐待や暴行、不祥事もみ消し、さらには保険金詐欺が発覚したのだ。

きっかけは、半年前に起きた精神科と高齢医療科の入院病棟で起きた火事だった。病棟はほぼ全焼、死傷者が一二〇名を超す大惨事で、全国版のニュースにもなった。原因は当直の若手医師が規則を破って当直室で使ったカセットコンロからの失火とされたが、あまりに理由がおかしいと当直医の両親が興信所を雇って調べさせたところ、この事故がどうやら仕組まれたらしいことが発覚したのだ。

ベテラン医師や上層部が若手医師を執拗にいびり倒しこき使った結果、当直室での自殺におよんだことが明らかになると、事件は思わぬ方向に飛び火した。検察が再度調査を行なったところ、さらに二つの不審点に行き当たったのだ。一つには、当直室からの失火程度で入院病棟が全焼するのか、という点、もう一つは、避難計画や訓練をしっかり行なっているはずの病院で、なぜこんなに多くの入院患者が逃げ遅れたのか、という点だ。

そして、科捜研や民間の検証機関も動員した緻密な再捜査の結果、信じがたい事実が明らかになった。出火元を監督する二つの科は、病院経営を揺るがす深刻な赤字を垂れ流す「お荷物部門」だったこと、若手いびりは医局長が主導し、精神的にも肉体的にも追い込んで崩壊させ、挙句当直室で自殺させるよう仕向けたこと、当直室近辺や避難経路上に可燃物、危険物を意図的に配置していたこと、看護師などには日常的な虐待や不正、不祥事をもみ消す代わりに「火事」を黙認し、初動を遅らせ、また消防、警察に不利な証言をしないよう口裏合わせをしたこと……数々の病院の暗部が解明されると、さらにこの火事を利用して保険金を不正受給するため、保険会社の営業部長まで巻き込んでいたことまで発覚した。事故に見せかけてお荷物部門を焼き払い、保険金までだまし取ろうという壮大な筋書きが明らかになったのだ。

もはや医療従事者のモラルも地に堕ちた、とマスコミは大バッシングを展開した。この病院の院長が引責辞任の会見中も、記者たちは「人殺し」「悪魔」など罵声を浴びせかけた。会見が終わると、顔面蒼白で目には明らかにおかしな光を宿した院長は「おまえら、どうせ人が死ぬのも飯の種って腹なんだろう？

なら見たいモノ見せてやるよ」と言い捨てると、その足で病院の屋上から飛び降りた。院長は即死し、マスコミは目前で起きた大事件を逃すまいと、警察が駆け付けるまで院長の遺体に群がり続けた。結果、事件への院長の関与について真相は藪の中となったが、これほどの組織的犯罪となれば組織トップが関与、いや主導している蓋然性は極めて高いと考えられた。

命を預かる者の所業とは思えない実に異様な事件だが、しかしながら原因となった医療現場の荒廃という実態は、何もこの病院に限った特殊なケースではないことは医療従事者なら誰もが知っていた。診療報酬引き下げで病院経営は火の車、人件費もまともに出ない状態で人手不足が常態化、職員は常にオーバーワークで慢性的に病んでいるものも多い。また、精神科と高齢医療科は特に人手がかかるうえ、入院が長期に亘りがちなため、まったく儲からないというのが業界の常識だ。

超高齢社会ゆえ、儲からないのに患者は山のように押し寄せるし、普通の会社と違って「儲からない客はお断わり」などとは言えないことも話を難しくしている。匿名を条件に取材を受けたある専門家は、「本音を言えば金払いの良い一部の患者以外は、どこの病院も断りたいんです」と明かし、こう続ける。「日本の医療はかつて、貧富にかかわらず平等でした。しかしいまやそれは幻想となり、実態は完全に二極化しています。医療費の差はそのまま医療の質の差です。しかも、平均水準はどんどん下がっています。二〇年前なら生活保護で入院した人でも受けられたレベルのサービスは、今は上位一〇%ぐらいの病院でないと受けられません。もちろん、まだ日本にも世界トップレベルの医療機関はありますが、そういうところは大資産家か外国人富裕層しか相手にしません。九九%の日本人は高過ぎて、受診できないのです」

また、過激な主張をする専門家もいる。国がカネを出せないなら、医療事故死もやむを得ない、また安楽死の適用条件に「経済的理由」を加えるべき、というものだ。人権論者が聞いたら憤死しそうな人命軽視だが、そんな話が出るほどに現場の劣化と窮乏は極まっている。

インターネットの闇サイトでは、事件発覚直後から医療関係者と思しい人たちによる、この病院の上層部を礼賛した書き込みが相次いだ。「祝‼　キチガイとジジババの合同葬」「他の病院も続け！　巨大火葬場計画」「首相は素晴らしい財政再建策を実行した××病院に感謝状を贈れ」……貧すれば鈍す、もはや医療現場に志を求められる状態ではなくなっていた。

これほどの深刻なスキャンダルでなくとも、ほとんどの医療現場は腐敗しきっていた。危険薬物の横流し、診療報酬水増しのための不要な診察や手術、ひどいところでは期限切れ薬物の再利用や使用済み医療機器の再利用など、衛生管理上深刻な不正も当然のように行なわれていた。

診療に対する私的な報酬を要求する医師、勤務先の他にアルバイトで診療を行なう医師も増えた。一方で、真面目な医者ほど損をしている。志を持ってある村に開業した若い医師が、あまりの人手不足が原因で過労死したところ、かかっていた高齢者の患者数人が必要な治療を受けられず自宅で亡くなってしまった。すると、今まで世話の一つもしなかった患者の家族たちがやって来て、「死んだのは治療しなかった医者のせいだ」と医者の家族相手に集団訴訟を起こしたのだ。もはや医療にかかわることは、治す側も治される側もとんでもないリスクを抱えるという時代になった。「病気になっても医者にかかるな」という格言が出始めて久しいが、今やこれは日本の常識になりつつある。日本の医療現場、そして医療を取り巻く環境はかつての世界屈指レベルから完全に崩壊してしまったのだ。

さて、修の母は果たして無事に病院を出て、次の施設に入所することができるのだろうか。

貧困か死か――年金崩壊

ある真冬日の夕方過ぎ。由美子が外出から戻って来るなり、修にすごい剣幕で機関銃のごとく怒りをぶつけ始めた。

「ちょっと聞いてよ！　あの腐れ役人たち、こっちの話も聞かず一方的に話だけして追い返そうとしたのよ‼　しまいには『働かずとも生活ができるんだから』ですって⁉　こっちは長いこと年金払ってきたのよ‼　あー、腹立つわ！」

来月から年金の支給額が大きく減額されることにともなって、市町村や年金事務所で説明会が開かれることになった。由美子はそれに参加して来たのだ。由美子の話によると、職員の対応や説明は想像以上の「お役所仕事」で、通り一遍の説明が終わると「以上で終わります」と質疑応答を一切させず一方的に切り上げたらしい。この対応に参加者数人が立ち上がり、「そんな説明だけで納得できるか！」「こっちの話も聞かんのか！」と詰め寄ると、職員は逃げるように会場から出ようとし、警備員が詰め寄った参加者を押し戻すと、さらにそのまま会場から追い出そうとしたそうだ。この様子を見て、他の参加者たちにも完全に火がついてしまった。「逃げるのか⁉」「囲め、囲め！」「これ以上減らされたら食ってけんだろうが！」参加者の大半が口々に叫びながら職員を囲い込んだ。すると、恐怖からなのか、日頃の不満が溢れ出たのか、囲まれた職員のひとりが震え気味な声を振り絞って余計なことを言ってしまった。

「く、食っていけないことはないでしょう⁉　我々現役世代は働かないとお金もらえないけど、あんたら……皆さんはただ待ってればもらえるんだから、いいじゃないですか！」

○コンマ何秒かの沈黙ののち、会場は怒号に包まれた。「あぁ⁉　なんだともっぺん言ってみろゴルァ！」「こっちは払うもん払ってきたんだよ！」「ふざけんなこのクソ役人！」「乞食あつかいすんじゃねぇよ！」

昼過ぎに始まった説明会は大揉めに揉め、暴動寸前の事態となった。長い押し問答の末、結局年金事務所の副所長という人が出て来て、翌週に再度詳細な説明と質疑応答をする機会を作ると約束した。参加者がしぶしぶ解散する頃には、すっかり日も暮れていた。

「来週の水曜日、また行って来る！」夕食の支度をしながら、由美子は次の説明会では何を言ってやろうかとやけに生き生きと話し続けた。言葉遣いも近年聞いたことがないほど荒っぽい。このところ母の施設の件で萎《しお》れがちだったので、元気な様子に戻ったのはいいのだが、修は何か引っかかる感じがした。なんとなく、危なっかしい感じといえばいいのか。

食卓に食事が並び、テレビをつけるとちょうどＮＨＫのニュースが始まった。お気に入りの女性キャスターが出るいつもの民放局に変えようとリモコンを持ったところで、修は手を止めた。画面には国会議事堂前にパトライトを付けた車が何台も止まり、周囲に六〇～八〇歳代の高齢者が一〇〇人近く集まっている映像が流れた。明らかに何か事件が起きた様子だ。映像に見入っていると、男性キャスターが抑え気味の声でニュースを読み上げた。

「本日午後三時過ぎ、東京千代田区の国会議事堂前の路上で男性が割腹自殺する事件が起きました。この事件で□□市在住の七三歳の男性が死亡、同市に住む六三歳の介護職員が自殺幇助の現行犯で逮捕されました。それでは現場の山田さん」

現場となった国会議事堂前は、規制線が外され路上の血もすでに洗い流されていたが路面は乾いておらず、現場で目撃していたと思われる人が数人、画面の奥の方でマスコミの取材を受けており、いまだ生々しさを残していた。現場の記者は、老人が年金減額で生活が立ち行かなくなったこと、自分のような高齢弱者を生んだ国の無能を糾弾し、「この国は、我々国民に貧困か死かを突きつけた！　私は貧困の恥辱より、清廉な死を選ぶ！　為政者どもよ、わが死を見よ！　さらば！」と言って割腹したことを淡々と伝えた。

そして、中継に続いて近くに設置されていた防犯カメラの映像が流されると、修は息をのんだ。画像の荒いモノクロ映像の奥の方に、路上に正座した老人とその背後に仁王立ちする男の姿が映っていた。仁王立ちの男がゴルフバッグのようなものから一メートル近い棒のようなものを取り出すと、両手で棒を握り、左腕をすっと左側に動かした……日本刀だ。男が刀を抜いて大きく振りかぶる。直後、正座した老人がひとしきり何かを叫び、片膝になるとすぐさま腹に短い棒のようなものを突き刺した。次の瞬間、仁王立ちの男が刀を老人の首に振り下ろした。首は完全に切断することなく、あり得ない方向に不気味に曲がったままとなり、わずかの間を置いて老人は崩れ落ちた。介錯した男が周囲から駆け寄る警官に無抵抗に組み伏されたところで映像は終わった。

その間、わずか三〇秒程度か。折悪く、年金の大減額であちこちから老人デモ隊が議事堂の周りを行進していた。ちょうど通りかかったある一行がその短い顛末の一部始終を目撃していた。「えらいことになっている！」修は夕食も放り出し急いでタブレット端末を操った。ネットではすでに「国会前　義憤の割腹死」の話題がすさまじい盛り上がりを見せていた。誰がどこから撮ったものなのか、例の割腹老人の口上が動画で流れている。修は、年金減額がいよいよヤバいところまできたと直感した。これから年金をめぐって大変なことが起きる……何が起きるのか見当もつかないが、ヘタをすると、自分たちも画面の中の当事者になるかもしれない。どうやって身を守るべきか。いろいろなことがいっぺんに頭を周り始め、呼吸が浅く息苦しくなった。

「ちょっと、ご飯食べないの？」由美子に声をかけられ、やっとのことで我に返った修は、由美子が行くといっていた年金説明会のことを思い出した。

「由美子、来週、俺も行くよ」

老いと孤独と死と

「次は、△△公園前。××病院へはこちらが便利です」

公営バスは、こんなにも乗り心地が悪かっただろうか？　それとも年のせいか？　修は、外の景色を眺めて必死に乗り物酔いをごまかし、やっとのことで目的地の最寄りバス停に降り立った。由美子も顔が白い。目の前の公園を抜ければ、一〇分ほどで年金事務所にたどり着く。「最近のバスは高いし、乗り心地も運転もダメね。帰りは歩いて帰りましょ」由美子はぼそそういうと、事務所に向けて歩き始めた。

公園に足を踏み入れると、真冬にもかかわらずすえた臭いが漂って来た。臭いの元ははっきりしている。ホームレスが公園に住み着いているのだ。この辺りのホームレスは、土地柄もあってか特に高齢者が多い。しかもこのところ、その数が急速に増えているという。財政破綻によって生活保護の予算が大幅に削られたため、受給条件がすさまじく厳しくなり、仮に受給できても家賃を払って定住などできないのだ。そのため住まいを捨て、公園や河川敷に住み着いてゴミ集めや日雇いで食いつなぐ人たちがどんどん増えている。

実はホームレスに占める高齢者の比率は、全国的に見ても年を経るごとに高まっている。日本国民が総じて「貧困化」する中、人口構成比の大きな割合を占める高齢者がその数を増やすのは自然だが、他の世代に比べて特に増え方が顕著なのである。これには高齢者特有の問題も関係している。中でも特に目立つのが、親族や知人に先立たれ、また仕事も退職して社会との接点が希薄になったため、「金がないなら気ままなその日暮らしを」とホームレスになるケース、そしてもう一つは「認知症ホームレス」というケースだ。

「認知症ホームレス」とは、簡単に言えば認知症を患った人が徘徊の末迷子になり、そのままホームレスになってしまうというものだ。「まさか?」とお思いかもしれない。通常なら、身内がいなくなったら捜索願を出すだろうし、警察が保護して身元確認を取り、しかるべく現住所に返すのが常識的対応だ。しかしその常識は日本ではもはやまったく通用しない。この数年、財政緊縮で社会インフラは機能不全が進んでいる。警察もしかりで、人もカネも不足している。手間ばかりかかる徘徊老人の相手は、彼らの仕事としては優先順位が低いのだ。また、年金や賃金カットで家計もいよいよ厳しい。カネのかかる認知症の年寄りが一人いなくなるだけで、家計崩壊を免れるという家も多いのだ。かくして、徘徊して迷子になった認知症患者は家族に探されず、警察も保護せず、そのまま街をさまよい続けることになる。運悪く途中でのたれ死んだり事故に遭ったりしなければ、やがて「ホームレス村」にたどり着き、晴れて「認知症ホームレス」になるのだ。

しかし、昔と違って昨今のホームレス事情は非常に厳しい。ゴミ集めや日雇いといった仕事にも限りがあり、今や往年の受験戦争を思わせる過当競争だ。また、以前なら行政やボランティアがあちこちで炊き出しを行なっていて、稼ぎがなくともなんとか生きていけたが、今はどこも予算がなく炊き出しは滞りがちである。しかも、もし認知症などの病気を発症しても、ホームレス相手にまともに面倒を見てくれるところはどんどん減っている。件の病院火事のような事件に尾ひれがついて噂となり、「病院に行けば、その足で毒ガス室か焼却炉に放り込まれる」などという話を真に受けているホームレスも実はかなり多い。そんな事情から、食えなくなり、病気が進んでも、どこにも頼らず、誰にも看取られずに死んでいくホームレスが激増しているのだ。特に大所帯の「ホームレス村」では、年に数件はそういう人が出る。夏場は死体が腐敗して異臭騒ぎになるため数日内で発覚するが、今のような冬場の時期は発見が遅れ、一ヵ月近くも放置されるケースすらあるという。

この公園も、そういった「ホームレス村」の一つだ。ブルーシートと段ボールの奥の方にふと目をやると、割と身ぎれいにした、しかし明らかにホームレスとわかる老人数人が、林の落ち葉を集めて焚き火をしながら何やら話をしているのが見えた。時折笑い声が混じる様子を見て、修は「それでもこの人たちの方がマシかもしれない」という思いがよぎった。彼らには「ご近所さん」がいる。お互いに気遣いしあうコミュニティがある。一方で、そうしたコミュニティを一切持てず、完全な孤独と孤立の中で死んでいく人も、ホームレスに劣らず大勢いるのだ。修は公園を歩きながら、最近知人から聞いた、思い出すのもつらい話を思い出していた。

長年地域ボランティアをやっていたその知人の話によると、実はこの公園にほど近い古い公営アパートでは、公にされていないが毎年数人から多い年では二〇人近くが孤立死しているのだという。行政にとっては不名誉なだけでなく、監督責任の問題もあるため警察と協力して穏便に処理し、極力実態が知られないようにしているが、孤立死があったことは、ある「業者」が来ることでわかるそうだ。

孤立死する高齢者は、その前段でコミュニティとの接点を失っていることがほとんどだ。たとえば、ゴミ出しの例が典型的だ。地域のルールを知らず、勝手に捨てたゴミが元で近所ともめると、もめごとを嫌って近所づきあい自体をやめてしまうのだ。年を取るほど頑固になり、人付き合いを避ける傾向にある男性が特にそうなりやすいという。こうなってしまうと、もう危険だ。ゴミを出せばまたもめるという理由で、部屋の中にゴミを溜め込み、外出も極力避けるようになる。汚い部屋を見とがめられたくないがゆえに、民生委員や行政の職員の訪問も避けるようになり、いるのかいないのすらも定かでなくなる。何年もそういった暮らしを続け、周囲が誰も寄り付かなくなった部屋で孤独な最期を迎えるのだ。

電気、ガス、水道といったライフラインも止められ、ゴミだけでなく、ひどいケースでは自分の排泄物もコンビニ袋や段ボールなどに溜め込むケースもあるという。一メートル以上の「ゴミ地層」に体を半分以上埋もらせて生活し、そのまま死んでいる例もまれではない。健全な精神状態の人間からすれば、そんな劣悪な環境で最期を迎えるのはなんとも哀しく寂しいものだ。ただ、本人にしてみれば「後は野となれ山となれ」という心境なのかもしれない。

身寄りがある人間ならば、死んだあとは遺族が葬式を出し、遺品を引き取って整理・処分するところだが、孤立死する人の九割以上は遺族が現れない。つまり、遺体や遺品の引き取り手がいないのだ。そこで登場するのが、ある「業者」だ。彼らは孤立死の遺体や遺品の処理を専門に行なう、いわゆる「片付け屋」で、昨今はこの「片付け屋」が密かに繁盛しているという。繁盛してしまうほど孤立死が多いというのが一つ、もう一つは繁盛する割に誰もやりたがらず、生き残った業者は地域寡占となり、なかば言い値で仕事ができるためだ。

儲かる商売と聞き、その門を叩く人間は実は相当数いるそうだ。多くの場合、既存の業者でのアルバイトから入っていくというが、残念なことに九割方の人間は初仕事でギブアップするという。現場が、あまりに過酷なためだ。

孤立死は往々にして発見が遅い。近隣住人が異変に気付く要因の筆頭は、耐え難い異臭である。つまり、「片付け屋」が呼ばれる仕事場は、遺体が腐敗し、「ゴミ地層」と相まって凄まじいにおいを放つ現場がほとんどなのだ。その現場に一度立ち入ると、強烈極まる嗅覚の記憶は一週間はぬぐえないという。また、腐敗する死体というものは、悪い猟奇趣味の人でもなければまず見ることはないだろうが、それはむごたらしいものである。精神的にも甚大なダメージを与える衝撃的光景が脳に焼き付いて離れず、人によっては食事中やふと気を抜いた瞬間、就寝中などにそのシーンがフラッシュバックし、食欲不振、不眠、情緒不安定などの症状が出る。いくら繁盛すると言っても、並みの胆力しか持ち合わせていない人にとっては、とても割に合う仕事ではないだろう。

修は、さらに老いてもし自分より由美子が先に逝って一人取り残されてしまったらどうなるかを想像して、激しく暗い気分になっていた。年金を減らされ、親からの遺産も当てにならず、頼る親族もほとんどいない……せっかく大学まで出たのにホームレスになって死ぬのか、はたまた誰にも看取られず孤立死し、腐臭を放つ虫まみれの状態で赤の他人に片付けられるのか。もしもそれなりの財産があれば、多少のワガママも聞いてくれ、病気や身の回りの世話も万全にこなす優しい職員が揃った優良施設で、死後の心配をすることもなく余生を過ごせるのかもしれない。しかし、今の日本でそれができる高齢者は恐らく三〇人に一人いるかいないかだろう。もう少し若い頃に財産計画をきちんとやっていれば……修は、今さら悩んでも仕方のないことをグルグル考え、ますます陰鬱な気分になった。

荒ぶる老人たち、断絶する若者たち

暴動も覚悟して臨んだ年金減額の説明会は、小一時間ほどであっけなく終了した。この日は、先日説明して炎上騒ぎを起こした事務官は出席せず、代わりに年金事務所の所長、副所長と、地方厚生局から来たという若い担当官が出て来た。この担当官が減額の事情説明をしたのだが、修はその説明がほとんど頭に入らなかった。というのも、身長は低く色白でぽっちゃり体形、柔和な顔立ちのその若者は、入省一年目かと思うほどの初々しさとたどたどしさで、実に一生懸命に年金財政の窮乏ぶりと、現役世代が背負う莫大な負担を説明して見せたのだ。経費節約だろう、暖房がほとんど効かず底冷えする部屋で、一人大汗を拭きながら、時に声を裏返させて必死に対応する様子からは、「皆さんも大変です。ぼくら役人も、現役世代も大変です。なんとか譲り合って頑張りましょう」という雰囲気がありありと伝わって来た。誰も彼には食って掛からず、何件か確認の質問があっただけだった。これには、由美子だけでなく鼻息が荒かった他の参加者も、すっかり毒気を抜かれたようだった。

「ありゃ役所の作戦勝ちだな……」「そうね……」参加者たちの意気込みの斜め上を行く役所の対応に苦笑いしながら、修と由美子は日差しが溢れる街道沿いをゆっくり歩いていた。とにかく会が荒れなくて良かった。修は今日の説明会に臨む由美子の張り切りぶりを思い出していた。あの勢いのまま説明会が紛糾したら、由美子も当然そこに突っ込んでいったに違いない。下手に暴力沙汰なんかになれば、ひどいけがを負ったかもしれない。最近も都庁舎の周辺でデモしていた年金受給者の集団と警備隊がヒートアップし、重傷者が出たばかりだったのだ。誰も彼も貧困で心が荒み切っているのだ。そういう状況を考えると、最悪の事態を回避したあの担当官は、実はなかなかの手練れだったのかもしれない。役人もまだまだ侮れないな、などと思いながら、とにかく無事に帰路につけたことを、修は心底喜んでいた。

年金事務所から、かれこれ三〇分ほどは歩いただろうか、時刻は正午を少し回り、修は空腹を感じ始めていた。この調子だと家まではもう三〇分ほどはかかるだろう。昼ご飯をどうするか。日頃は節約のため外食はほとんどしない。しかし、無事にすんだという開放感と適度な散歩運動が効いたか、空腹を意識した瞬間から急激に空腹感が強まり、居ても立ってもいられなくなった。「たまには昼ごはんでも食べていこうか」と提案すると、由美子も同じことを考えていたらしく、笑顔で応じた。二人は手頃な店を探し、街道から一本路地を入った定食屋ののれんをくぐった。

店に入ってみると、いきなりただならぬ雰囲気が漂っていた。店主と思しき五〇歳代ぐらいの大柄な男と、恰幅のいい老女が言い争いしていたのだ。「ばあさん、始めっから食い逃げするつもりだったんだろ!?」「なにいってるの!? そんなわけないじゃない!!」「黙って店出て、声かけたら逃げたじゃないか！」「逃げてないわよ！」「じゃあ、何で走り出したんだ！」「あんたが走って追いかけて来るからよ！」

最近は高齢者の万引きや食い逃げなどの犯罪が激増している。話には聞いていたが、まさか自分がその現場に居合わせるとは……修が呆然とそのやり取りを眺めていると、警官が二人のれんをくぐって入って来た。「こちらですか？」「そうです。食い逃げです」「違いますって！」「お話、うかがいます」「私、やってません！」「食って払ってないだろ！」「払わないなんて言ってないでしょ！」「逃げただろ!!」「ちょ、ちょっと、順番に聴きますから落ち着いてください。あれ、あなたこの前も……」

老女の顔色が一気に変わった。今までかたくなに食い逃げを否定していたのに、急に態度を変え、不気味に科《しな》を作って警官に言い寄る。「いえね、これは何かの間違いなんですよ。うっかり財布を忘れて……最近ぼけちゃったのかしら、とにかく家に戻って財布取って来ようって……」警官は半ばあきれ顔だった。「この前もその話は聞きました。認知症の疑いがあるって言ってましたよね？病院で検査して、何だって言われました？」「いえ、それがまだ結果が……」「病院、行ってないんでしょ!?　認知症だって嘘ついてるんでしょ!?」

老女の様子がさらにおかしくなった。「・・・・ウゥ・・・ウワァーーアアァン、ワーーーァゥッ」まるでマンガのような奇声を上げて泣き出したのだ。修は、あまりに茶番なこのやり取りについ笑いが込み上げてきた。さすがにこの場で笑うのはあまりに不謹慎だろうと思い、トイレを借りるふりをしてその場を離れた。耐え切れず失笑しながら用を足していると、老女が大声で話す身の上話が扉越しに聞こえて来た。女手一つで二人の子供を育て上げたが、二人とも家を出てから何年も連絡がない、一人ぼっちで話し相手もいないし年金は減らされるし、誰もかまってくれなくて寂しかった……もう、あまりに典型的なお涙頂戴話に、修は笑うことすら忘れていた。警官が何か話している。これはもしや、次はあれか!?

「ガラガラガラッ、ドスン、ドカン」「ヴワァーーーーッ！　ギャーッ！」老女の態度はついに最終形態となり、獣のような雄叫びをあげるとやみくもに暴れ出した。予想はみごと的中だった。どうやら、警官が署に連行し身元引受人に連絡すると言ったことがきっかけだったらしい。屈強な男性警官が二人がかりで五分以上格闘し、やっとのことで老女をパトカーに押し込むと、ようやく店に静寂が戻って来た。店主が床に散らばった箸や醤油さしを片付けながら、「お騒がせしてすみません。もうそんな気分じゃないかもしれませんが、よかったら食べてってください」と申し訳なさそうに言う。事の顚末をすっかり見た手前、さすがにこちらも断るわけにいかず、片付けを手伝いながら注文を伝えた。

警官の話によると、あの老女は食い逃げ、万引きの常習犯だったらしい。財布を取りに帰るというのはこの手の事件では常とう句で、女手一つの身の上話も全部ウソなのだそうだ。身元引受人は老女のご主人で、たいそう恐い人らしい。「ご主人はご主人で、DVの気があるんです。前回の時は、迎えに来るなり『この恥知らずめ！』って怒鳴って、握り拳で殴り掛かったんです。あ、もちろん我々が押さえましたが。ただ、あの人、いたく怯えてましてて。まあ、あの人も不憫と言えば不憫なんですけどね……あ、要らんこと言いました。忘れてください」警官がうっかり話してくれた食い逃げ老女の話に、ふと「負のスパイラル」という言葉を思い出して、修はなんとも寂しい気持ちに襲われた。ちょっと道を外れれば、自分と由美子もああなってしまうのか？

いたたまれない気持ちになり、顔をあげて由美子の方を見やると、一瞬目線を合わせた由美子が修の様子に何か気配を感じたのか、「ああいうの、ほんとに増えたわよね」といい、テレビでやっていたという凶暴老人の話を始めた。そのテレビによれば、万引きや食い逃げで泣き落としたり暴れたりするのは、まだまだかわいいものなのだそうだ。駅員に駆け込み乗車を注意され、いきなり右フックをかまして駅員に大けがを負わせた老人は、「金払って乗ってやってるのに、わしに指図するとはけしからん」と居直ったという。ファミレスでは老女が若い女性店員の脚にいきなり熱々のコーンスープをかけ、大やけどをさせた。スカート丈が短めで「こんなアクシデントあったら危ないって、教えてあげたのよ。それに何よりふしだらだし」と言い、自分には非がないと言い張ったそうだ。観劇中の態度が悪いという理由で老人同士が演劇の公演中にけんかを始め、公演がぶち壊しにされたという話もあるという。

さしたる兆候もなく、いきなり暴走を始め危害を加える老人があまりにも増えたため、客商売をする人たちは年寄りが来ると戦々恐々とするのだそうだ。

彼らは見た目ではおかしい人かどうかの区別がほとんどつかないため、余計にたちが悪い。ある小売店の責任者は「ある売り場で腫れ物を触るように対応すると、『自分はえらい』と勘違いして増長し、腫れ物対応しない別の売り場で暴れたり叫んだりする老人も多い」と嘆く。コンビニでアルバイト経験があるというある高校生は「店長がぁ、昔はヤンキーがたむろして恐かったとか言ってっけどぉ、今マジでヤバいのはジジババ」と自分の経験談を語った。「盗むし壊すし暴れるしぃ、最後、『俺はもうすぐ死ぬんだ』とか居直っちゃって。ある意味マジ最強っしょ。チョー意味わかんなくね? んな言うんなら迷惑だからとっとと死ねって」その時の様子を思い出したのか、高校生は荒々しい語気で高齢者への嫌悪を語り、舌打ちした。

老人の集団暴徒化もひどい。なんと飲み屋帰りのサラリーマンを、高齢者の集団が「オヤジ狩り」するという事件が頻発しているのだ。昨冬にはついに死者が出たため、警察が本腰を入れて取り締まりを強化し始めた。犯人は、もっぱら年金を減らされ、酒を飲む金も厳しくなった老人たちだという。「我々が飲めないのに、毎晩飲み歩く若いやつらはけしからん」というのが彼らのいい分だ。先日捕まった八三歳の主犯格の老人も「中には物取り目的の者もいるが、我々はもっぱら社会の不公正を正すという『義憤』に駆られてやっているのだ」と真顔で答えたそうだ。とても正気の沙汰とは思えないが、悪びれない態度と行動力、団結力、そして高齢者だからと侮れない気力、体力には恐れ入る。願わくば、その力を独りよがりの義憤ではなく、日本経済の立て直しにこそ生かして欲しいのだが……。

こうした事件を背景に、若者や現役世代と高齢者との溝は絶望的なまでに深まっている。世論調査では若者の高齢者離れがかつてない深刻なレベルになっているという。某巨大ＳＮＳでは、街で老人といかにかかわらないようにするか、というノウハウを真剣に議論する若者限定のトピックがあり、「道を訊かれても無視できるよう、音楽を聞かなくても常にイヤホンは着けておく」「シルバーシートの近くには絶対行かない」「杖を持っている老人は、周囲約一メートルが攻撃可能圏」などの文章が書かれている。

また、別のブログサイトでは年金制度の世代間不公平を「世代間搾取」と表現し、「我々年金奴隷は、今こそ奴隷解放運動に集結すべし」として年金未納運動を展開している。このサイトのフォロワーが先日ついに三〇〇万人を突破した。もはや、無視できない社会勢力となったこのサイトの持ち主を今、警察と厚生労働省では血眼になって探しているという。

飲食店などでは若者と高齢者の客間での不要なトラブルを避けるため、座席を「分煙」ならぬ「分老」しているそうだ。あからさまにやると激昂する老人もいるため、それとはわからないようにやるのが店のノウハウなのだそうだ。対応する店員も分けて、経験の浅い店員には高齢者を絶対対応させないなど、しっかりマニュアル化しているところもあるという。

ここまで来ると、もう悲し過ぎて何も言うことがなくなって来るが、最近では極め付けの便乗グッズまで出ている。ビジネススーツを専門に扱うある服飾ブランドが、護身用に開発したという「G－IMPACT」という商品は、三段警棒にスタンガンの機能を付加したもので、先端からは特殊な薬液が出る仕掛けもついている。実はこの薬液がミソで、特殊な成分が皮膚や粘膜を刺激する。しかもその効果は高齢者ほど強く発揮されるという触れ込みなのだ。件の「オヤジ狩り老人」対策を当て込んでいることは、ネーミングからもうかがえる。なにしろ「G＝ジー＝爺」にインパクトを与えて撃退しよう、というシロモノである。密かに「爺警棒」（じけいぼう）「爺ショック」（ジーショック）なるあだ名がつき、当初この会社が見込んだサラリーマン向けのみならず、コンビニや小売店の店員向け護身用としてネットを中心にバカ売れした。

また、老人男性による女児の誘拐やストーカー・強制わいせつなどの犯罪急増を受けて、専用の携帯アラームも大人気商品となった。このアラームは一般の物と異なり、高齢者に聞こえない特殊な周波数を出すことが特長だ。往々にして、この手の犯罪を起こす老人男性は自分がやっていることが犯罪になるという自覚がないことが多い。普通のアラームで対処すると、自覚のない高齢者が「俺を犯罪者扱いしやがって」と逆に激昂し、より危険な状態になることがある。そこで、犯人には聞こえず周囲に警報を知らせられるよう、特殊な周波数を採用したのだ。

由美子は思い出しては自分で笑いながら、面白おかしくこれらの話をしてくれた。せっかくの気遣いに水を差さないよう愛想笑いで話を聞いていたが、しかし修はますますもって暗い気持ちになっていた。修も由美子も、すでに防犯グッズを使う側ではなく、使われて撃退される側に近い年である。それに、年寄りを十把一絡げに犯罪者予備軍にするような世間の風潮、マスコミの論調にもほとほと嫌気がさしていた。

「年を取ったら早く死ねって、そういうことかな?」

修は、今この日本に溢れている高齢者蔑視の風潮を呪った。

長生きは罪なのか

「もう一年もたつのか。早いな……」「そうね」喪服を脱ぎ、楽な格好に着替えると、昼から酒を飲んでほろ酔いの修は畳に横になった。母が亡くなってからちょうど一年。結局、新たな施設に移ることなく、精神病院で息を引き取った母。死因は老衰とのことだった。最期を看取れたことだけが救いだったが、再入院からわずか半年ちょっとでそんなに簡単に衰弱するものかと、修は釈然としない思いを持ち続けていた。

思えば最初の入院の時も、症状が一気に進行した。何かおかしい……まさかあの病院、何かウラがあるのか？　しかし、一周忌法要で少し酒が過ぎたか、モヤモヤする考えが一向にまとまらない。気分を切り替えようとテレビをつけると、普段はめったに見ないワイドショーのにぎやかな音が溢れてきた。

「今日は、高齢者を標的にして最近はびこっている闇ビジネスの特集です」

なんだ、年寄り狙いの詐欺の話か？　最近は年寄りも金持ってないからそんなに儲からないぞ？　修はなぜか興味をそそられ、起き上がると長年愛用のくたびれた座椅子に座り直した。

「あの手この手でターゲットの老人を『天国行き』にする、その名も『成仏請負人』」すかさずコメンテーターのひとりが「その『天国』はシモの方ですか？

それとも、ほんとにコレ？」と手で首を切るふりをする。不謹慎なコメンテーターを笑顔で無視し、MCは続ける。「果たして本当にこんなビジネスがあるんでしょうか。また誰が何のために、こんなきわどい請負人に依頼するのでしょうか。その手口はいかに。では、VTRどうぞ」

VTRは、いかにも闇ビジネスの取材映像というような、すりガラス越しの男の影がボイスチェンジャーで不自然に低く加工された声で「成仏請負人」の詳細を語るというものだ。「利用者は主にターゲットの家族ですよ。嫁や旦那、子供、たまに遠縁の親族ですね」「理由？　そんなの、面倒見切れないからに決まってるでしょ。だいたいは病気で世話が必要になって、でも長引かれると金が厳しいから、っていう感じですよ」「ガンとかそういう病気の人のもあるけど、やっぱり一番は認知症だねー。あと精神病も。こっち（頭）はダメなのに体はピンピンしてるとか、家族にしたらそういうのが一番大変だから」

これ、本当に本物なのか？　作り話じゃないのか？　ものの三分ぐらいの話ですっかり酔いが飛んでしまった修は、TVの音量を上げて座り直した。

「うちはねぇ、誰でも請け負うわけじゃないの。もう家族もこれ以上できません、せめて楽に逝かせてあげてって、そういう人じゃないとやらない」「手口？　そりゃ、企業秘密だよ。こんなのばれたら、ヤバいやつが人殺しに使っちゃうだろ？」「まあ、あれね。病院で処方される薬と、ゆっくり衰弱させる薬をすり替えたりとか、食事に薬混ぜたりとか、そういうのが一番かな」「あと、早目に進行させせるなら、コケさせて動けなくするの。寝たきりになるとてきめんに弱るからね」「たぶん、この仕事長くやってるプロ以外、見破れないと思うよ。だって、薬だって精密検査しても証拠出ないもん」

エグ過ぎる……これ本当に本当なのか？　さすがにヤラセじゃないのか？

「あと最近はね、動画とか音楽とか、そういうのも使うよ。いわゆるサブリミナルってやつ」「パッと見全然わかんないけど、続けてるとだんだん生きる気が失せてくんだよね。目見てるとわかるよ。あーこれ、だいぶ効いてるなーとか」「あれ、けっこう地味に効きますよ。やっぱ、人間気力で持ってる部分、おっきいと思う」「以前は家族に貸して見せてたんだけど、一緒にそれ見ちゃってる人いて。ハッハッハッ。さすがに危なかったから、うちでは貸さないことにした」

とても信じられない。この日本で、こんなことが普通に行なわれているのか？　そしてついに、修にとって衝撃の証言が飛び出した。

「儲かるからってさ、最近ヘンな業者も増えてるのよ。介護施設とかさ、病院とか、そういうところから仕事取ってんの」「医者だとさ、あとどれぐらいもつとかそういうのもわかっちゃうじゃない？　あと、あんまりおかしなのを預かってると、職員やめたりとか。そもそも儲からない人でも預からないといけないとか」「そういうのに付け込んで、仕事取るの。もちろん、そういうのは家族の承諾も取らないよ」

……………おい？…………まさか!?　母が入院したあの精神病院、まさか「請負人」絡みなんじゃないのか!?　修の頭の中で何かが一気につながった。手足が震えて止まらなくなった。慌てて大声で由美子を呼んだ。「おい！　由美子！　ちょっと来てくれ！」

「国家的姥捨て山計画」の恐怖

衝撃の闇ビジネスの話を知って以来、修はこの国のとんでもない状況に底知れぬ恐怖を抱いていた。数ヵ月前には、三年近くも喧々ごうごうの議論が行なわれた通称「安楽死法案」が可決した。「回復不可能な病気・障害」「終末期」「耐えがたい心身の苦痛」「本人の自発的意思」を成立の必須条件とし、医師の中でも特別に認められた者のみが認められた方法でのみ執行できるという、標準的な「積極的安楽死」の定義に従った内容となっているが、懸案も残っている。一部で、精神病患者や認知症患者など、認知能力が低下したものも特例的に対象とすべき、という主張が強硬に展開されているのだ。ここ数年で急速に存在感を増したとあるタレント出身の議員が率いる新党は、若者に絶大な人気を誇る一方、医療関係筋からの支持もあつい。この議員の主張は、不可逆的な認知能力低下が認められる場合、本人の自発的意思を確認することができないため、本人の自発意思によらない要件を特例的に設けるべきというものだ。簡単に言えば、精神病や認知症の人々は、ある程度以上は本人の意思によらず安楽死できるようにしよう、というものだ。

この議員の主張が通るようになったら、この国の人権は終わりだ……修は激しい危惧を抱いていた。特定の病気になったら本人の意思に関係なく安楽死になるのなら、それはナチスの優生政策と何ら変わりなくなる。この国は、平気で病気の国民を殺す国になってしまうだろう。そうでなくても、安楽死法案は殺人の免罪符になり得てしまう。「成仏請負人」が話していた、サブリミナル入りの動画や音楽で死にたい気持ちにさせれば、安楽死の要件の一つは簡単に整ってしまうのだ。「請負人」と法案のマッチポンプで、病気の年寄りはどんどん合法的に「間引き」できるようになるだろう。そして何より、法案成立以降、周辺環境もその方向に変化しているではないか？

安楽死法案の成立以降、健康や生死観にかかわる社会環境は急速に様変わりしている。まず、病気に効くとされた民間療法は効能を謳うことを禁じられ、法を犯したものは徹底的に摘発、重罰を課せられた。健康食品やサプリも同様で、認可登録制のうえ効能表示も制限され、さらに認可登録されたものには定価の五〇％という重税が課せられたのだ。よほどの金持ちでなければ、良質の医療も受けられず、サプリや健康食品、民間療法で健康増進を図ることも事実上できなくなったのだ。

また、テレビや雑誌などの各種メディアでは、やたらと宗教関係者や哲学者、倫理学者が生死観について語る機会が増えた。そのどれもが、突き詰めれば無為に命をながらえるより、いかに人として良い生を全うするか、ということを訴えかけるものだった。修は、宗教・宗派を超えた薄気味悪い方向性の一致の意味をいち早く見抜いていた。よく言えば「長生きより人生の質をとれ」、悪く言えば「役目を終えたら早く死せよ」というメッセージを、大量に、持続的に流し続ける。これはある種の洗脳だ。長生きへの意欲を倫理観や社会的常識で押さえ付け、病気を予防する有望な手立ては金持ちだけのものにし、病気になったら安楽死を選ばせる……これが高齢化最先端国・日本の出した、究極の答えということか!?

能力ややる気に恵まれた若者は、語学や専門能力を身に付け、将来の希望がまったく見えない日本を早々に捨てて次々と海外に飛び出していく。残念ながらそこまでの気力や能力がない若者は、完全に行き詰まった高齢者たちに明日の自分たちの姿を重ね、「長生きはしたくない」と嘆く。国民全体の生活水準が急激に低下する中、一致団結すべき国民は高齢者と若者とで深刻な分裂を来たしている。金もなく年を取れば、ホームレスか、孤立死か、はたまた病気になって安楽死か、究極の選択を迫られる。

世界最先端の「老後難民大国」への道をひた走る日本に、修はただひたすら絶望する他はなかった。

その修が最近やっと一筋の光明に出会った。それは高校の同窓会に出かけた時のことだった。そこでも老人をめぐる暗い話題が多かった中で、一人だけ高校時代から聡明で、数学も得意だった安河内がびっくりするような話をしていた。彼曰く、「こうなった以上、自分の力で資産を上手に殖やして勝ち残るしかない」「グチを言っていても何も始まらない」「絶望とは愚者の結論だ」「手は必ずある」――修は安河内の話にすっかり感動し、のめり込んでいった。そして思わずこう聞いてしまった。「本当にそんな手はあるのか」「ある‼」「でもオレなんかもう手遅れじゃないか」「いや、そんなことないさ。今からでもまだ間に合う」修は久し振りに心の中に熱い電流が走る思いがした。「安河内、悪いけど少し時間ないか。どうしてもその話の続きが聞きたいんだ。どうせここにいても暗い話しか出ないしさ」「おう、そうだな。近くの喫茶店にでも行くか」

約一時間の安河内のミニレクチャーは、修の人生感を変えるに十分なものだった。それは九年前の二〇一六年のことだったという。あの頃はアベノミクスが日本中を席巻し景気も良かった。そのせいもあって周囲の人間は皆それほどの危機意識を持っていなかった。「老後⁉　いろいろなことが言われているけど、何とかなるんじゃない」と皆が言っていた。しかし、安河内だけはちょっと違った。元々数字や数学の得意な彼はどう計算しても国の借金も年金も医療ももうもたないことをうすうす理解していた。しかし、どうしたらよいかまでは思いつかなかった。

そんな二〇一六年のある日のこと、たまたま都心のオフィス街での相手先との会議が早く終わったので「たまには書店にでも寄ってみるか」と思い立った。それが彼の人生を大きく変えることになった。経済書のコーナーに行って棚をいろいろ見ていると、ある本がフト目にとまった。そこには一〇年後の日本がどうなっているか、そしてそれに備えるためにどうしたらよいかが詳しく書いてあった。立ち読みしているうちに彼は目が点になった。そのままレジへと走った。その本には「もしあなたが生き残りたいならば、海外ファンド、外貨、そしてニュージーランドを活用するしかない」と書かれていた。

それから半年、安河内は自分でもいろいろ調査をし、レクチャーなどにも出かけて知識を豊富にし、納得できるまで勉強した。そして確信した。「生き残るにはそうするしかない」元々優良会社の部長にまで登りつめ、無駄遣いもしないタチだったので、それなりの余裕資金はあった。それをまず二〇一七年の一時的円高の時に米ドルに替え、いくつかに分散して海外ファンドに投資した。

そしてニュージーランドにも実際に行ってみて、この国の素晴らしさを実感した。

そして、いよいよ退職からわずか二年後の二〇二二年に、国が破産して大騒ぎとなった。円は価値が底なしに下がり、国内の金融機関は株と国債の暴落でにっちもさっちもいかなくなった。そうした中、安河内の資産はもともとファンドの運用で殖えていた上に、ドル建て資産であったために、円から見て大きく膨らんだ。ファンドの運用で二倍に、為替差益で三倍に、合計で六倍にもなっていた。三〇〇〇万円の投入額がわずか九年で六倍の一億八〇〇〇万円にもなっていたのだ。そして今、老後は世界一自然の豊かなニュージーランドで暮らそうと夫婦で話し合っているという。

修は絶句した。何という違いだ。オレも早く気付いて手を打てば良かった。その気持ちを察したのだろう。安河内は「お前だって今からやればまだ間に合う。まずは勉強し、そして確信したら、実行に移すことだ。でも、グズグズしていたら間に合わないぞ」修は決心した。「悪いがその本を貸してくれないか」

「ああ、いいよ」修はようやく光明と希望を掴んだ。早く帰って由美子に教えなければ。「オレの人生もこれでなんとかなるかもしれないぞ」進むべき道が見えてしまえば、不思議と勇気が出るものだ。「こんなに心が弾むのは何年ぶりだろう」――修は夕日を見ながらつぶやいた。

＊　＊　＊

いかがだっただろうか。正直なところ、本書の執筆にあたっては、この章がもっとも精神的にきつかった。登場人物が「地獄絵図」と表現した通り、まさに地獄そのもののような表現や内容ばかりだったからだ。

ここで書かれたことはあくまでシミュレーションであり、フィクションであるから、もちろんこの通りになるとは限らない。ただしかし、もしあなたが「いくらなんでも誇張し過ぎだ」「不安をあおり過ぎている」と考えているのであれば、残念ながらそれはあなたの願望に過ぎないと断言する。誰しも、この章で描かれたような最悪の事態が本当にわが身に降りかかるという可能性を否定したい。しかし、ここに挙げた内容のほとんどは事実をベースにしており、程度の差はあれど「明日は我が身」というものばかりだ。

たとえば介護や孤独死、認知症ホームレスなどはすでに日本で実際に起きていることに基づいているし、医療、社会インフラの劣化や崩壊は破綻国家の取材などで私が収集した情報、体験した事実を元に構成している。まったく起こり得ないどころか、財政が破綻し、国家が崩壊すれば、かなりの確率でこのような状況、あるいはこれよりさらにひどい状況になることは、こうしたことを総合すれば明らかなことだ。

このストーリーでおわかりの通り、国家破産でもっとも割を食うのは高齢者や病気の患者である。言葉を選ばずに言えば、国家が破綻から立ち直る時は、過去のツケを徹底的に転嫁し、身軽になる必要がある。一方で高齢者や病人をケアし続けることは、莫大な社会コストがかかる。特に日本の場合、借金の理由は社会保障だから、国が身軽になるには真っ先に高齢者や病人を切り捨てることになるのだ。

あまりに衝撃的過ぎる話に、皆さんの多くは言葉も出ないかもしれない。しかし、私たち明日の日本を生きる者たちは、自分に降りかかるリスクをより詳しく知り、対処する術を冷徹に見定める必要がある。次章以降では、それについて触れていきたい。まず第五章では、国家破産で高齢者を支える仕組みがどのように崩壊するかについて、第六章以降では具体的にどういった対策が考えられるかについて、それぞれ具体的に見ていく。

第五章
国家破産で老人を支える仕組みすべてが崩壊

国家破産時は国民の資産が奪われる

ここまで見て来たように、私たちの老後は数年後のある日を境に一変し粉々に吹き飛んでしまう。これは別に何か悪い冗談でもなく、ＳＦ映画のストーリーでもない。ほぼ一〇〇％に近い確率で現実となる、私たちの未来だ。では、なぜそんなコトが起きるのか。その原因とはどんなものなのか。実は、その原因こそ「国家破産」なのである。

そもそも、国が破産するなどということが現実にありうるのだろうか。実際、歴史の年表を紐解いてみると、ありうるどころかそれが頻繁に起きているのがわかる。この日本でも七〇年前の昭和二一年、つまり終戦の翌年に徳政令を断行し、預金封鎖までやって国家破産によって国民の財産は失われた。さらに、その約七〇年前の明治維新自体も、江戸幕府と各藩が実質上破産したがために起きた革命と変動であり、江戸時代の豪商のほとんどが没落し、庶民も生活苦に苛まれた。これらは、国家破産がすべての原因だったのだ。

国家破産とは、政府の借金が何らかの原因で異常なレベルにまで膨れ上がり、返済不能となって通常の方法ではなんとも解決ができなくなってしまった状況をいう。では、普通の方法でなんともならなくなった場合、何が起きるのか。それが世にも恐ろしい「徳政令」「ハイパーインフレ」「大増税」などによる国民の資産の収奪である。

日本がＩＭＦの緊急支援を受ける⁉

そこで、日本政府の現在の借金の状態とはどのようなものなのか。ここに大分前の一枚の記事が登場する。それが新聞に掲載されたのはちょうどあの東日本大震災の一ヵ月ほど前のことである。その二〇一一年二月一一日付の日経新聞にはちょっと信じがたい内容が登場する。まず、その見出しに「日本の債務、先進国史上最悪に」とあり、日本の借金が異常なレベルに膨れ上がっていることが端的に示されており、次の文章へとつながる。

日本の公的債務残高が先進国の歴史上、最悪の水準に迫りつつあることが分かった。国際通貨基金（ＩＭＦ）によると、地方も含む一般政府の債務残高は二〇〇九年に名目国内総生産（ＧＤＰ）の二一七％に達し、統計で確認できる一八七五年以降で最悪となった。このまま債務が増え続けると、五年程度で第二次世界大戦直後の英国を抜き、先進国史上、最も悪い状況に陥る可能性がある。

（日本経済新聞電子版　二〇一一年二月一一日付）

さらに日本政府の借金の状況を歴史的に調べて次のようにまとめている。

日本は戦前に戦費調達のため債務が大きく膨らみ、一九四二年にＧＤＰの一〇五％、四三年に一三三％、四四年に二〇四％に達した。戦後、急速なインフレにより国債の実質価値が縮小して四六年には五六％に急低下したが、七〇年代からほぼ一貫して上昇。九六年にはＧＤＰと同規模になり、二〇〇九年に一九四四年の記録を抜いた。一月公表の最新推計によると、二〇一二年には二三二％に達する。日本以外の先進国では英国が一九四六年にＧＤＰの二六九％まで債務残高が積み上がった。天文学的なインフレに陥ったドイツを除くと、これが先進国史上、最悪の水準とみられる。二〇一三年以降、日本の債務が直近五年間と同じペースで増え続けると仮定すると、二〇一六年に二七七％となり、終戦直後の英国の記録を抜く計算となる。英国はその後、インフレや通貨安に見舞われ、外貨準備が枯渇した英政府は七〇年代にＩＭＦの緊急支援を受けた。

（日本経済新聞電子版　二〇一一年二月一一日付）

この内容で驚くべき点は太平洋戦争末期の昭和一九年（一九四四年）の借金

残高二〇四%より現在の方がはるかに多い点。もう一つは英国の例をあげて、日本もこのままいけば、IMFの緊急支援を受けざるを得ないかもしれないことが暗示されている点だ。

そして、結論として次のような新聞記事とは到底思えない恐るべき内容で締めくくられている。

歴史上、巨額の債務を抱える国は、急速なインフレによる調整か債務不履行(デフォルト)に追い込まれる例が多い。三菱総合研究所の武田洋子シニアエコノミストは「インフレによって名目成長率を高めて税収を増やせば、債務負担が楽になるが、短期的に実現するのは難しい」と指摘。

(日本経済新聞電子版　二〇一一年二月一一日付)

つまり、歴史上の幾多の教訓を見る限り、日本も将来、ハイパーインフレか、

債務不履行（デフォルト）に突入する可能性が高いというのだ。

ＧＤＰの二五〇％という借金

この問題は私たちの老後を左右する極めて重大な問題なので、ここでさらに突っ込んで研究してみることにしたい。少し難しいかもしれないが、ご一緒に歴史の旅に出ることにしよう。そこで今から遡ること一一五年前の一九〇〇年頃からの各国の借金の状況を詳しく見ることにしてみよう。そこで一六六〜一六七ページの図を見ていただきたい。これは、ＩＭＦのデータを元に私が先進各国の借金の対ＧＤＰ比を一一五年に亘ってチャートとしてまとめたものである。

この図を眺める前に、一つ重大な言葉を皆さんにお伝えしておくことにしよう。それは、まともな欧米の財政学者や経済学者、さらには識者の間でささやかれているもので、次のようなものだ。「政府の借金は、ＧＤＰ比でできれば六

債務残高GDP比推移

2016年頃には
戦争直後のイギリスを抜いて
先進国中過去最悪を更新する
見通しだ。

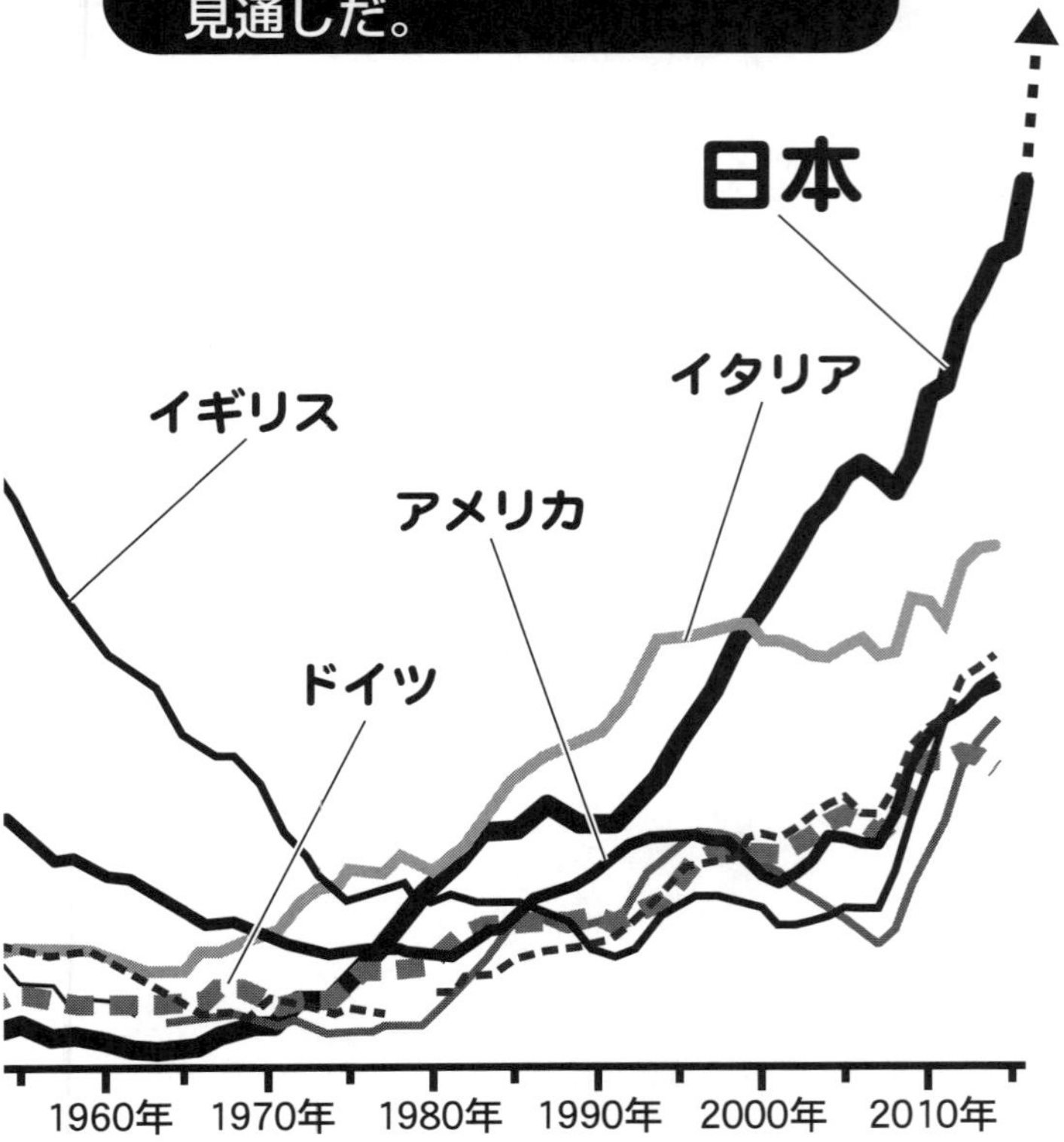

ＩＭＦのデータを基に作成

日本と主要国の

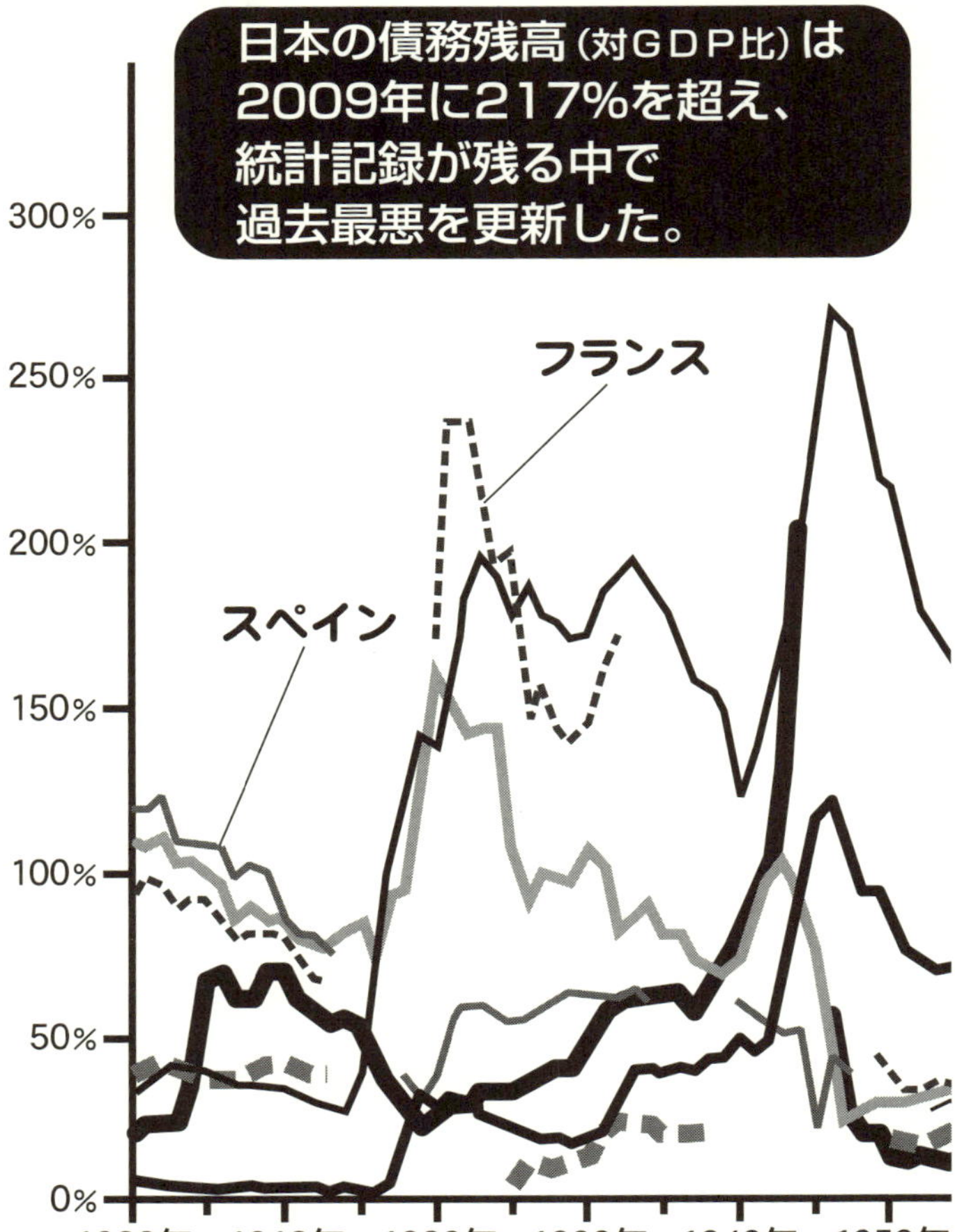

※日本、ドイツ、フランスは一部データが欠如している時期がある。

〇%を超えない方が良く、その場合は安全。九〇%は危険水準で、二〇〇%というのは頭がオカシイ程のレベル」というものだ。では、現在の日本はどのくらいのレベルか。図の右上を見ればわかる通り、GDPの二五〇%という想像を絶する水準にまで到達してしまっている。太平洋戦争に負ける寸前の昭和一九年（一九四四年）の二〇四%をはるかに超える、まさに狂気のレベルの借金と言ってよい。しかも、それをなんとか維持するために日銀に無理矢理毎年八〇兆円もの国債を買わせているわけだから、日銀法で絶対に禁止されている「日銀による国債の直接引き受け」と同等か、それ以上危険な破滅的行為を実行しているわけだ。このままいけば、将来日銀そのものが破綻しかねない。

日本の借金の変遷

では、なぜこれほどの借金をするに至ったのか。この一一五年に亘る長い歴史を眺めることにしよう。図でいうと一番左側が一九〇〇年である。ちょうど日露戦争の直前にあたる。明治の一番終わりの頃でトヨタや三菱重工という世界に誇るべき工業も産業もない時代で、せいぜい世界に売れるものといえば生糸や陶磁器といった状況だったが、それでも政府の借金はＧＤＰの二五％程度に抑えられていた。

ところがその直後、借金は急激に増え、一九〇五年頃にはＧＤＰの七〇％にまで達した。その原因は明白である。あの、日露戦争である。しかし不思議なのは、あの国運をかけた日本人すべての運命を決するほどの大戦争、しかも相手は世界一の陸軍大国ロシアである。それほどの戦争でも借金はＧＤＰのせいぜい七〇％で止まったのである。いや、止まったのではなく、止めたのである。

その理由は二つある。一つは当時の日本のトップ、つまり指導者たちは冷静かつ優秀だったからだ。まだギリギリ明治維新の生き残りが元勲やトップとして活躍しており、大学は出ていないが幕末の風雲の中で厳しい現実を体験してきた連中は、経済学こそ知らなかったが、経済の本質だけはキチッと認識していたのだ。これ以上借金を増やせば将来、禍根を残すということでなんとかアメリカに頼みこんで講和に持ち込み、戦争賠償金はほとんどとれなかったにもかかわらず、戦争そのものは終結するに至った。

今、一万円札の肖像画として描かれている福沢諭吉。彼は明治を代表する知識人として知られているが、その彼が借金について次のような興味深い言葉を残しているのをご存知だろうか――「この世の中で何が怖いといって、暗殺は別にして、借金ほど怖いものはない」。なんと意味の深い言葉であろう。今から一〇〇年ほど前の日本国の指導者たちは、当時の国民やマスコミの反対を押し切って、戦争賠償金はほとんど取れなかったにもかかわらず、借金をそれ以上増やすことを恐れて戦争を終結させたのだ。

もう一つの理由は、その時の借金のほとんどが海外からのものだったということだ。当時の日銀副総裁だった高橋是清が、世界中を駆けずり回って海外から借金をしまくったのだ。それを返済するために、政府全体の借金の総額にも上限をかけたのである。海外の投資家が危ないと感じて「すぐ返せ」と迫ったら、日本はすぐに破綻してしまう。その恐怖と心配から、借金をＧＤＰの七〇％で止めたのだ。

その後、日本は着実に借金を減らし、一九一九年頃（ちょうど大正時代の中頃）にはまたＧＤＰの二五％くらいにまで減らした。その時の各国との比較で見ると面白いことがわかる。なんと、日本の借金は先進国で一番少なかったのである。

しかしその後、運命の分かれ道がやって来る。一九二三年（大正一二年）の関東大震災である。首都の半分が焼け野原になるというこの甚大な災害は、日本経済に変調を来たし、震災手形を誤魔化しているうちにどうしようもなくなり、銀行の取り付け騒ぎをキッカケとして昭和恐慌（一九二七年）に入っていく。さらに二年後には、アメリカ発の世界恐慌がやって来て日本経済も大不況に突入していく。「学校は出たけれど」という失業時代の到来だ。

悪い時には悪いコトが重なるもので、昭和初期の寒冷化がやって来て、東北地方では山背が吹いて大凶作となり、米がとれずに困窮した農家が娘を売るという事態にまで発展した。

それが東北出身の兵隊や将校たちの不満として鬱積し、やがて五・一五事件や二・二六事件という政治テロへと発展していく。そして、日本は暗い時代へと足を踏み入れていく。戦争と不況の時代だ。

日中戦争が泥沼化する頃から借金もウナギ登りとなり、やがて一九四一年の対米開戦による太平洋戦争のスタートによって借金はほぼ九〇度に迫る、まさに垂直のような状況で爆発的に増え続け、ついに昭和一九年（敗戦の八ヵ月前）にはGDPの二〇四％という高みに到達した。

チャートはどうしたわけかそこで途切れている。戦争に負け無条件降伏した昭和二〇年の数値はどういうわけか残っていない。ドサクサで数値を残せなかったのか、見せたくないために意図的に隠したのかは定かではないが、いずれにしても正確なデータは一切残っていない。終戦が八月一五日だから、正月から七ヵ月半としておそらく終戦当日の日本の借金は、GDPの二二〇％くらいと思われる。

ところが、翌年の一九四六年（昭和二一年）には、なんと五六％にまで縮小しているのである。一年でたったの四分の一にまで減ったのである。これは昭和二一年二月に突然断行した徳政令で国民の資産と相殺したためと、その間のハイパーインフレで国債の実質的価値が大幅に下がったためだ。

その後もハイパーインフレが続き、戦後の復興が始まる一九五〇年（昭和二五年）には借金は十数％台にまで落ちたのである。

その復興のキッカケも自力によるものではなく、朝鮮戦争による特需のお蔭だった。そして東京オリンピックの一九六四年（昭和三九年）頃には、借金はなんとゼロに限りなく近づき、一〇％を切る水準にまで減ったのである。

これこそ不思議な巡り合わせと言ってよい。前回の東京オリンピック（一九六四年）の時には日本の借金はほぼゼロだったのに、今回（二〇二〇年）の東京オリンピック時には三〇〇％に迫る天文学的借金を私たちは抱えるに至ったのである。

日本が借金大国になった理由

では、戦後なぜここまで借金は増えてしまったのか。そのナゾの一部も前回の東京オリンピックにある。昭和三九年一〇月一〇日開催の東京オリンピックは、その直前まで東海道新幹線の開業へ向けての突貫工事、首都高の建設、さらにオリンピック施設の建設と大好況に沸いた。ところが翌昭和四〇年は、その反動不況から株価は暴落、景気は奈落の底へ落ちた。山一證券が潰れそうになり、それらを救うために戦後初の日銀特融を行ない、景気刺激の特効薬として国債を発行してバラ撒きをスタートさせた。最初はわずかな額だったが、一度打った麻薬はやめられない。政治家も役人も借金をすれば使える予算も増え、その分自分たちの利権も増えるわけだからやめるはずもない。そして、田中角栄の列島改造論の登場、さらに致命傷になるのが人気取りのための政策「福祉元年」だ。

こうしてバブルが崩壊する直前の一九八九年頃には、日本国政府の借金はＧＤＰの七〇％ほど（あの欧米の識者らの言う、安全な六〇％ルールの少し上の水準）に到達していたのだ。

その直後に悲劇が起こる。あの一九九〇年のバブル崩壊だ。大不況への突入で官民あげての「国がなんとかしろの大合唱」の前に、正論の声はパニックの悲鳴にかき消され、借金は四五度を超える角度で急激に増えていった。九五年には、とうとうあの危険水準といわれる九〇％を抜き、九六年頃にはついに一〇〇％の大台をあっさり超え、とめどもなく増え始めた。

二〇〇七年頃、一度その借金の増加がガクンと下がる事態が起きた。これは当時の小泉純一郎首相による〝小泉改革〟の成果で、しかしそれもつかの間、二、三年後からは逆に垂直に近い角度でロケットのように上がり始めた。そう、皆さんもお気付きのように〝アベノミクス〟の登場だ。

この国はもはや、借金の急膨張を止める気もなくなったようだ。たとえるならば、ブレーキの一切きかなくなった車でアクセルを目一杯踏み込んでいるようなものだ。そして、断崖絶壁はもうそこまで迫っている。あなたの老後とこの国の運命は、すでに一〇〇%決まっているのかもしれない。理由は簡単だ。この暴走車をもう止める人が誰もいないからだ。とすると、助かる道は一つしかない。断崖から転がり落ちる前にこの車から飛び降りるしかないのだ。

国家破産した国家の国民はどうなるのか?

では、国家破産が起こると、私たちの生活や老後、そして資産にはどのような影響がおよぶのだろうか。まず一つ言えることは、これはリーマン・ショック以降のヨーロッパ債務危機でわかったことだが、国家破産は即金融危機につながるということだ。というのも、理由はいたってシンプルで、国家と金融機関とは一体不可分の関係だからだ。言ってみれば一蓮托生の関係なのだ。特に日本においてその特徴が濃厚だが、銀行や証券会社は国の出先機関のようなものであり、国の厳しい監督下にあり、もっと言えば国の言いなりなのだ。国が

国家破産は金融危機につながる

国家破産

即

金融危機

金融機関が潰れたり、銀行からお金を出しづらくなったり、時には銀行が封鎖される。

おかしくなれば金融機関もおかしくなり、最悪の場合、国の一通の命令で封鎖されてしまうこともある。ロシアしかり、アルゼンチンしかり、ギリシャしかりだ。

その点を踏まえた上で、一七九ページの図を見ながら国家破産が私たちの老後にどのような影響をおよぼすかをチェックしてみよう。

そこでまず、図の上から四番目の「公共サービスの大幅縮小」を見てみよう。国が破産して支出するお金がなくなれば、国が面倒を見て来たすべての事業が大幅に縮小されるのは当然のことで、国の予算の中でも一番金食い虫でしかも一番増加率の高かった社会保障関係がおそらく最大のターゲットとなることだろう。つまり、年金は大きく減額され、医療費はトコトン削られ、介護などの社会福祉は壊滅的レベルにまで事業内容が縮小されることだろう。

たとえば私たちが一番気になる年金だが、国が破産すれば支給額が少なくとも半分にはされてしまうことだろう。しかし、私たちの年金を待っている運命はそれだけではない。もっと悲惨な事態が待ち受けているのだ。それが「ハイ

国家破産時に起こること

1 大増税

2 ハイパーインフレ

3 徳政令（銀行封鎖）

4 公共サービスの大幅縮小

5 大不況

6 治安の悪化

パーインフレ」と「徳政令」だ。一兆％（物価が百億倍）という狂気のハイパーインフレを経験したアフリカのジンバブエではその直前の国の借金がＧＤＰ比で二〇八％だったことを考えると、二五〇％を超えた日本国もこのままでタダですむとは思えない。日本国の体力から考えて、そこまで酷い天文学的ハイパーインフレはないとしても、かつて国家破産していたトルコが三〇年に亘って年平均一〇〇％のインフレに悩まされていたことを思うと、年率五〇％くらいのインフレが一〇年くらい続いてもおかしくはない。そのくらいのインフレでも、一〇年後に物価はなんと五七倍にもなる。複利の恐ろしさである。逆にいうと、通貨価値は五七分の一になってしまうのである。その分、為替も変動するわけで、現在の一ドル＝一二〇円が五七倍の六八〇〇円になってしまうのだ。

そうした時に年金の実質的価値はどうなってしまうのか。あなたがすでにお気付きの通り、五七分の一になってしまうのだ。まさに、紙キレ同然だ。実際、国家破産によって、すさまじいハイパーインフレに襲われたロシア（九一年からの三年間は年率七〇〇〇％のハイパーインフレに見舞われ、物価は三年で三四万倍となり、通貨価値は三四万分の一となった）では、多くの老人が紙キレと化した年金を見て絶望し、自殺していった。

しかも、そこに「徳政令」の追い打ちでもあった日には目も当てられない。徳政令にはいろいろな手段があるが、その中でも一番国民生活に壊滅的被害を与えるのが「預金封鎖」だ。ギリシャでも先日「銀行休止」という名の預金封鎖が行なわれたが、結果として国民はＡＴＭに行列してやっとお金を下ろせてもせいぜい二、三万円が限度だった。年金生活者が一番困ったのは、年金自体は減額されなかったが銀行が一部のＡＴＭを除いて封鎖された状況下ではその年金を満額下ろすことが事実上不可能なことということとなってしまったことだ。こうして、ギリシャの年金生活者は途方に暮れることとなった。

このように、国家破産下では年金は額そのものが減額されるだけでなく、ハイパーインフレで極端に実質価値が減ったり、預金封鎖などの徳政令で受け取ること自体が不可能となったりするのだ。したがって、年金生活者の暮らしは完璧に破綻する。その場合、経済にはどのような影響が出るのか。たとえば日本の地方、とりわけ老人の割合の多い田舎の場合、年金生活者の支出がその地域の経済を支えている場合が多いので、もともと厳しい地方経済が壊滅的被害を受けるということだ。

しかも、「公共サービスの大幅縮小」の影響は年金だけにとどまらない。医療、介護、他の社会保障、さらには地域のゴミ収集にまで多大な影響をおよぼすはずだ。公務員や関連事業のスタッフの首切り、賃金カットのためにゴミ収集もろくに行なわれず、路上には長期に亘りゴミが放置され悪臭を放つことだろう。

しかし、コトがその程度ですめば御の字だろう。医療費、介護関連予算の大幅削減は医療福祉システムの崩壊を招き、まともな医療や介護の受けられない地獄のような状況が出現するはずだ。

ましてや「徳政令」や「大増税」が断行されれば、私たちの命の次に大切な老後資金の元本そのもの（年金など毎月もらえるものではなく退職金や若い時から貯めた預貯金などの資産）が引き出し不能や国家による収奪に遭う可能性が高い。

一番恐ろしい「徳政令」

そこで、一番恐ろしい「徳政令」についてみてみよう。「徳政令」とは、借金漬けでにっちもさっちもいかなくなった政府が、政府の借金を大幅に減らすために国民の資産を強制的に収奪してしまう措置のことをいう。まさに字の如くで、政府が〝徳〟をする命令のことである。これを事前に国民に知らせてしまっては国民が対抗策をとって逃げられてしまうので、普通はある日突然、抜き打ち的に断行するものである。「徳政令」の種類としては、「預金封鎖」「引き出し制限」「新円切換」「国債の紙キレ化」「デノミ」などがある。最悪の場合はこれらのうちのいくつかを組み合わせて一気にやって来ることがある。さらに「銀行の貸金庫の中身の没収」ということもロシアでは実行された。また、「金の没収」ということも歴史上には存在する。

いずれにしても「徳政令」を断行された場合、なけなしの老後資金をほとんど持っていかれてしまうと思った方が良い。年金もほとんど無価値となり、もともと貯えていた老後資金も取られてしまったら、あなたはどうやって生きていくことができるのだろうか。ただし、ここに一つだけ〝究極のサバイバル〟のノウハウがある。その秘策については第七章で詳しく伝授することにしたい。

「ハイパーインフレ」の破壊力

次に「ハイパーインフレ」について見てみたい。これは先ほどの年金のところで一部解説したが、国が破産することによって国の信用が堕ち、国が発行する通貨の価値が暴落することをいう。通貨が暴落すると、一見物価が暴騰するように見えるためにハイパーインフレ（すさまじいインフレ）と呼ばれる。そうなれば、あっという間に年金の価値も皆さんが必死に蓄えてきた老後資金の価値も目減りするだけでなく、ハイパーインフレの影響で為替も株価も金利も激しく乱高下するため経済全体が大混乱に陥り、あなたの周囲の生活基盤自体も崩壊してしまう。

年間一兆％近いすさまじいハイパーインフレに襲われたジンバブエでは、「以前にあった内戦よりハイパーインフレの方が生活実感としてはひどかった」という証言が残っている。ハイパーインフレは、国民の生活を破壊するという点で戦争よりひどい出来事なのだ。ハイパーインフレは大不況をもたらし、国内経済を破壊しつくす魔物と言ってよい。老後など、あったものではない。

「大増税」が国民の生活に追い打ちをかける

さらに、「大増税」が追い打ちをかけて来る。もし、極端なハイパーインフレや徳政令がすぐにやって来ないとしても、大増税は必ずやって来る。もうすぐ消費税が一〇％に引き上げられるが、もし現在の社会保障の水準（年金、医療、福祉）を下げないようにするためには、消費税率を将来、五〇％くらいに上げなければならないという経済専門家の試算もある。

また、「資産税の導入」という話もささやかれている。預貯金や資産の総額に累進課税でAさんには三〇%、Bさんには五〇%という風に課税してしまうというものだ。先ほど述べた終戦直後の「徳政令」では、預金を封鎖し、新円切換によって旧札をすべて銀行に預金させたうえで「資産税」を課し、最高税率で九〇%という目も眩むような収奪を行なった。ある意味で税金ほどむごいものはない。二〇一一年に大阪で元資産家姉妹が自宅の電気、水道も止められ餓死するという悲惨な事件が起きたが、この姉妹は税金も滞納していたという。税金を延滞するとサラ金並みの利息(最悪の場合一四・六%!)をとられるのだからすさまじいものである。

また、銀行休止が断行されたギリシャの取材でわかったことだが、困り果てて税収を増やそうと躍起になった政府がやったことは、〝不動産に高額の資産税をかけること〟だった。ギリシャのアテネでは、それに困り果てた富裕層が自宅をどんどん売りに出したが、まったく買い手がつかないという。それもそのはずで、買ってでも毎年とんでもない額の資産税をかけられるのでは、資産が減る一方だ。誰も買いたがらないのは当然と言ってよい。これでは終の住み処として自慢の自宅を持っていたとしても、住み続けられない。

これが、国家破産下での老後の実態なのだ。

「治安の悪化」が生命を脅かす

では最後に、「治安の悪化」というこれまた老後には頭痛の種のお話をしよう。国が破綻すると生活に困窮する人が増えるので、当然のことながら治安は極度に悪化する。では、実際にどのようなことが起きるのか。まずは二〇〇一年年末に預金封鎖を断行したアルゼンチンの例を見てみよう。深刻な経済危機の下、食糧難が深刻化し貧困層の人たちの中にはカエル、ネズミを食べることを余儀なくされた人たちがいた。治安も極度に悪化し、強盗事件や殺人事件が激増した。特に郊外の家は強盗に遭うリスクが高い。そのため多くの家でピストルを常備していたという。

文藝春秋に興味深い記事が載っていたので引用したい。二〇〇二年五月号に掲載されたルポ『『明日の日本』アルゼンチン惨状ルポ』からその様子を見てみることにしよう。

高木一臣氏は在ブエノスアイレス生活五十余年。戦後間もない一九五一年に故郷の三重県を飛び出しアルゼンチンに渡って以来、三万人の日系社会を代表する人物の一人として活躍してきた。（中略）

アルゼンチン社会の表も裏も知り尽くしているその高木氏が、強盗に遭った。さる三月八日金曜日午後八時過ぎ、市内中心部の鉄道ターミナル・コンスティトゥシオン駅前の小さな公園。南緯三十四度の空はまだ明るく、辺りでは大勢の人々が休息していた。子供を遊ばせる家族連れも幾組かいた中で、帰路を急いでいた彼は突然、後ろから羽交い絞めにされ、引き倒された。と、どこからか二人の仲間が走り寄ってきて、受け取ったばかりの給料袋を持ち去られてしまった。

「喉にナイフを突きつけられては、下手に抵抗もできません。後で周囲にいた人たちが、見て見ぬふりをして悪かったと言ってくれましたが、近頃の強盗はみんな拳銃を持っているから仕方がない。それにしても町が荒れた。この国で私はクーデターもハイパーインフレも体験しましたが、治安の悪化という点では、今が最悪でしょうな」

高木氏にケガがなかったのは不幸中の幸いとしか言いようがない。警察に届ける気にもなれなかった。「どうせ無駄だから」だ。

ブエノスアイレスではこの前日も、悲惨な事件が発生している。市内と郊外を結ぶイエルバル線のフロレスタ駅でハンドバックをひったくられかけた三十歳の女性が複数の暴漢と揉み合い、ホームの下に転落。動き出していた列車に轢かれて亡くなった。大手紙『ラ・ナシオン』『クラリン』などの報道によると、周囲の乗客らが暴漢の一人を取り押さえ、リンチを加えようとしたという。（中略）

「とにかく強盗事件が増えています。しかも凶悪化して、特に若い奴が人を簡単に殺すようになった。まるで西部劇だ。個別の事情はいろいろだけれど、総じて言えるのは、失業者だらけの社会になってしまっていることが背景にあり、それが問題なのだということです」

（文藝春秋　二〇〇二年五月号）

これと同じかそれ以上に、一九九〇年代のロシアでは治安が悪化した。ロシアで直接私がインタビューで聴き取り調査した話の中には、次のように信じがたいものまであった。

一番治安が悪化した一九九八年頃には、市場でロシア軍が勝手に売ってしまった自動小銃が、一五万円くらいでしかも多数の弾丸付きで買えたという。それを金貸しをやっているマフィアのような連中が購入して、金を返さない客を捕まえて見せしめに広場で公開死刑にしていたという。インタビューに応じた中年の女性は、それを彼女自身の目で見て頭がおかしくなりそうだったと証言してくれた。

さらにこんな話もしていた。皆がお金に困ったために、車を持っている人は勝手に白タクを始めた。路上で手を上げるとまず白タクが停まる。値段交渉がすんで車が動き出すが、五分以内に車内で異変が起きる。後部座席の〝客〟がナイフを出すか、前方の〝ドライバー〟が先にピストルを出すか。「有り金をすべて出せ‼」つまり、どちらが先に強盗に変わるかの競争だという。だから、白タクには絶対乗るなと忠告された。

また、ロシアでも郊外の一軒家には怖くて住めなかったという。いつ何時、数人組の武装した男たちがドアをぶち破って入って来るかわからなかったのだ。

国家破産が社会を破壊する

これほどの事態に陥ったロシアのデフォルト時（一九九八年）の借金は、ＧＤＰの七〇％程度だった。では、ＧＤＰの二五〇％を超えようとしている日本では一体何が起きるのか。いずれにせよ、将来相当のことが起きると覚悟しておいた方が良い。体の効かなくなった老人にとっては、まさに〝生き地獄〟がやって来るのだ。

さて、ここまでの話で読者の皆さんにはよくおわかりいただけたことと思う。国家破産によって私たちの老後を支える社会の仕組みすべてが崩壊することを。では、絶望すべきか。そんなことはない。絶望とは愚か者の結論である。手はある‼　生き残るための手を、私は読者のためにすでに用意してある。それが、いよいよ第七章で明らかにされる。

第六章
老後、一体いくらかかるのか

老後には一億円かかる！

ここまで本書では、これからの日本に待ち受けている少子超高齢化社会のすさまじい未来像を見て来た。わが国の社会保障制度（年金・医療・介護）が、破綻するのは間違いない。しかし、だからと言ってただ漠然と「老後不安」におののいていてもしょうがない。ここで一旦現実に戻って、老後一体いくらかかるのか、それを数字でしっかり確認していこう。

まずは、総務省統計局による家計調査報告（二〇一五年速報結果）だ。これをみれば、今実際に高齢者の生活にどれくらいお金がかかっているかがわかる。それによれば、二人以上の高齢無職世帯、つまり現役をリタイアして夫婦二人で暮らしている世帯の場合、世帯主が六五歳～六九歳の場合、一ヵ月の消費支出は二七万五八七二円。世帯主が七〇歳～七四歳の場合で二四万八一二二円。七五歳以上の場合で二二万七二六六円となっている。

仮に、九〇歳まで生きるとすると、七五歳以上にかかる消費支出だけで月額二二万七二八六円×一二ヵ月×一五年＝四〇〇〇万円を超える。六五歳から七四歳までの分を合わせれば、七〇〇〇万円を超える。

こういう調査結果もある。生命保険文化センターが三年に一度行なっている「生活保障に関する調査」だ。この調査では、回を追うごとに老後に対する不安心理が高まっていて、直近二〇一三年度の調査では医療と介護に関して不安を感じている人が九割を超えるまでに至っていることも興味深いが、本章では「老後生活費」についての調査結果について述べたい。

この調査結果によれば、夫婦二人で老後生活を送る上で必要と考える最低日常生活費は平均で月額二二・〇万円となっている。この数字は、先に取り上げた総務省統計局の家計調査報告の数字と大差ない。この調査ではさらに、ゆとりある老後生活を送るための費用も尋ねていて、「最低日常生活費」以外に必要と考える金額は、平均で月額一三・四万円となっている。その二つ、「最低日常生活費」と「ゆとりのための上乗せ額」を合計した「ゆとりある老後を送るための生活費」と考えられている額は、平均で月額三五・四万円となる。ちなみに、ゆとりのための上乗せ額の使途としては「旅行やレジャー」がもっとも高く、以下「趣味や教養」「日常生活費の充実」と続いている。

確かに月三五万円くらいかければ、旅行に趣味に、充実したゆとりのある老後が送れそうだ。しかし、先の総務省の家計調査報告の数字と合わせて考えると、現状ではあまり旅行や趣味といったゆとりにお金は回せておらず、「最低日常生活費」レベルの生活を送っている高齢者が多いようである。

そこで、ゆとりある老後を送るためにはいくらかかるか計算してみよう。月額三五・四万円×一二ヵ月×二五年（六五歳から九〇歳まで）となり、答えは一億六二〇万円！　ゆとりある老後生活を送るためには、なんと一億円もかかるのである。

年金支給開始年齢は引き上げられる

こういった高齢無職世帯、リタイア夫婦の家計収支は、現状でも当然赤字だ。先の総務省の調査結果によれば、高齢夫婦無職世帯の消費支出は月額平均二四万三八六四円。一方、それに対する収入の方は社会保障給付が一九万四八七四円でその他の収入を合わせても二一万三三七九円にしかならない。消費以外の支出も三万一八四二円あるから、月額六万二三二六円の赤字だ。

ところで、先に「現状でも」に点を付けたのは、今はまだ、社会保障制度（年金・医療・介護）が形の上では成り立っているという意味である。残念だが、わが国の社会保障制度は間違いなく破綻する。改めての確認になるが、それをズバリ伝える識者の声をお伝えしておこう。

まずは、気鋭のリフレ派経済学者・飯田泰之氏である。飯田氏は明治大学准教授で財務省財務総合政策研究所上席客員研究員。「デフレ脱却」を主張するリフレ派の論客として知られている。

リフレ派とはどういう立場かを簡単に説明しておくと、アベノミクスで行なっている金融緩和政策・財政政策によって安定的なインフレと経済成長は実現可能であるとして、消費増税には反対の立場を取る。わかりやすく言えば、比較的日本経済に対する見方は楽観的だ。

その飯田氏は、年金支給開始年齢についてこう述べる。「年金の支給開始年齢を遅らせるというビジョンが必要」「支給開始年齢はやはりせめて七〇歳にすべき」（ダイヤモンド・オンライン　二〇一六年一月五日付）。日本経済の底力や経済政策の有効性に信頼を置くリフレ派さえも、ここまで厳しい認識を持っているのである。

次は早稲田大学ファイナンス総合研究所顧問・一橋大学名誉教授の野口悠紀雄氏だ。野口氏のシミュレーションによれば、既裁定年金（すでに支給が始まっている年金）も支給するのを止めて支給開始年齢を一律七五歳に引き上げれば年金支給総額は五一・七％削減でき、二〇二〇年でも四八・〇％削減できるという。だから、野口氏はこう述べる。「仮に既裁定年金も含めて支給開始年齢を七五歳に引き上げることができれば、支給総額はほぼ半分になるので、日本の年金財政の問題はほぼ解決できると考えて良い」（野口悠紀雄『２０４０年問題』ダイヤモンド社刊）。

最後は竹中平蔵氏だ。竹中氏に関しては今さら述べるまでもないだろうが、慶應義塾大学の教授で、元経済財政政策担当大臣、元金融担当大臣、元総務大臣。現在も政府産業競争力会議（民間）議員、国家戦略特別区域諮問会議（有識者）議員を務める。その竹中氏の講演会を私は二〇一六年二月に都内某所で聴いたのだが、氏はアベノミクスに一定の評価を与えつつも、まだできていないことの筆頭として社会保障改革・年金制度改革を挙げ、そしてズバリこう述べた。「消費税率三〇％にしてもダメ。これは小学生の算数の問題！　しかし、政治家は怖くて言えない」。竹中氏は学者ではあるが、かつては閣僚として経済政策を実行する中心にいた人物だ。今も安倍政権に対して遠くない立ち位置にいる。その竹中氏の発言だから、社会保障制度破綻・年金制度破綻は政府中枢のお墨付きを得られたようなものなのだ。

主要国でも年金支給開始年齢は、アメリカとドイツが六七歳に、イギリスが六八歳に、段階的に引き上げることを決めている。世界最速で少子高齢化が進むわが国が、そのレベルですむとは考えられない。飯田氏が指摘するように、せめて七〇歳、より抜本的な解決には野口氏が論証しているように、すでに支給が始まっている人への支給も止めて一気に七五歳に引き上げることが必要なのだが、そんなことは竹中氏が言っているように「政治家は怖くて言えない」。言えないで先延ばし先延ばししているうちに、事態はどんどん悪化して行く。

たとえば、今すぐ支給年齢引き上げに踏み切れば段階的に七〇歳に引き上げでなんとか制度設計できるところを、先延ばししてにっちもさっちも行かなくなってからやるとなると、それこそすでに支給が始まっている年金もストップして七〇歳、さらには七五歳まで給付はできない。あとは生活保護で対処するなんてことにもなりかねないのだ。前出の野口氏はかつて著書の中で「社会保障制度の抜本的な改革は、高齢化が進む日本の最大の課題であるにもかかわらず、総選挙でほとんど争点にならなかった。日本の政治家は、社会保障制度の改革なしには日本が存続できないという問題意識を持っていない。これは、驚くべき政治の貧困だ」（野口悠紀雄『金融緩和で日本は破綻する』ダイヤモンド社刊）と訴えた。まったく同感である。

政治の貧困は止まるところを知らず、年金制度改革の政治的な落としどころはまったく見えないと言う他ないが、少なくとも六五歳支給が続くというのは世界の趨勢と日本の現状から考えて、到底あり得ない。年金収入はどういう形を取るかはわからないが、〝確実に〟〝大幅に〟減ると考えざるを得ない。とすれば、現状高齢リタイア夫婦平均で一九万四八七四円の社会保障給付があって、月額六万二三二六円の赤字になっているのだから、仮に公的年金の月額給付額が一〇万円になったとすれば、月の赤字額は一六万円近くにもなってしまう。これではまともな生活はできない。生活保護への転落を余儀なくされてしまうだろう。空恐ろしい数字であるが、決して絵空事ではない。それどころか、すでに一部では現実のこととなって来ているのだ。

「介護離職ゼロ」は夢のまた夢、逆に激増は必至

二〇一五年八月二九日号の「週刊東洋経済」は「下流老人」を特集として大々的に取り上げた。それによれば、一部上場企業に勤めていたある男性が、六〇代中盤になって受け取れる年金額は一〇万円未満。最終的には生活保護に至ったという。第二章でも別の例を紹介したが、「週刊東洋経済」の記事から引用しよう。

その男性は一部上場企業に勤務。順風満帆な会社員人生を送っており、年収は八〇〇万円ほどあった。

ところが四〇代半ばで状況が一変する。両親の介護で会社を辞めざるをえなくなったのだ。父は糖尿病と肝硬変で療養中、母は腎臓の疾患で人工透析を受けていた。一人息子だった男性に頼れる人はいない。

会社を辞めた後の収入は両親の年金一〇万円のみ。住宅ローン返済や生活費、療養費などの負担が重く、家計は毎月八万円程度の赤字。約八〇〇〇万円あった貯金は離職から一〇年ほどでゼロになってしまった。

会社を辞めて八年後に父が亡くなると母の年金のみになり、生活はますます苦しくなった。スーパーなどでアルバイトをしながら介護を続けた。離職から二〇年後に母が他界。介護の負担はなくなった反面、家計の支えだった年金もなくなってしまった。

男性はすでに六〇代中盤。年金を受け取れる年齢になっていた。だが会社を辞めてからは保険料を払えなかったため、受給額は一〇万円に満たない。働くのは年齢的にも体力的にも限界だった。困った男性は藤田さん（引用者注：『下流老人』著者である藤田孝典氏）に相談し、最終的に生活保護を受給することになったという。

（週刊東洋経済　二〇一五年八月二九日付）

一部上場企業の年収八〇〇万円の会社員が、介護離職。赤字生活。一〇万円に満たない年金。そして、生活保護……。これが、社会保障制度がまだ見かけ上は機能している今すでにある現実なのである。この例でも明らかなように、介護離職の先には悲惨な結末が待ち受けている。だからこそ、「介護離職ゼロ」——安倍首相はアベノミクス「新三本の矢」の一つとしてこれを掲げた。気持ちはわかる。しかし、第二章でも述べたが、実現は絶対無理だ。むしろ、介護離職はこれからますます増えていくだろう。なぜなら、戦争直後のベビーブーム時代に生まれた団塊の世代（一九四七年〜一九四九年生まれ）が七五歳以上の後期高齢者になるのは、これからだからだ。

内閣府によれば、六五歳〜七四歳と七五歳以上の被保険者について、それぞれ要支援、要介護の認定を受けた人の割合をみると、六五〜七四歳で要支援の認定を受けた人は一・四％、要介護の認定を受けた人が三・〇％であるのに対して、七五歳以上では要支援の認定を受けた人は八・四％、要介護の認定を受けた人は二三・〇%となっており、七五歳以上になると要介護の認定を受ける人の割合は文字通りケタ違いに増えている。団塊の世代は今はまだ七〇歳少し前。多くはまだまだ元気だ。しかし、一〇年後・二〇年後はそうはいかない。いわゆる「二〇二五年問題」はじわじわと、だが、その規模は巨大津波を上回るものとなって日本社会に押し寄せて来ているのだ。

介護費用は一人につき三〇〇〇万円!?

では、介護にかかる費用というのは、実際どれくらいになるのだろうか。これまた、見かけ上社会保障制度が機能している現在においての話だという注釈付きで、数字を確認していきたい。かつて、週刊「AERA」（二〇一四年一〇月二〇日号）で、要介護度や居住地による三つのケースについてかなり細かく試算していた。それをベースに、その後の制度変更要素も加えて介護費用を確認していこう。

一つ目は、東京在住者が福岡の父（要介護2）を遠距離介護するというケースだ。要介護2というのは、食事や排泄に何らかの介助を必要としたり、立ち上がりや歩行などに何らかの支えが必要。もの忘れや直前の行動の理解の一部に低下が見られるというレベルだ。まず、車椅子と介護用ベッドをレンタル。月曜から土曜までは朝三〇分程度、ヘルパーに来てもらい、着替えや朝食の介助を受ける。週に三回、デイケアに通ってリハビリ。介助を受けながら入浴まですませる。ここまでで、費用は一九万三千円。要介護2の支給限度額は標準的な地域で一九万六一六〇円（地域の人件費や物価によって加算あり）だから、限度額いっぱいだ。

この二〇万円近い額を全額自己負担しなくてはいけないかと言うと、現状ではそうではない。多くの場合、自己負担は一割の一万九三〇〇円だ。「多くの場合」と書いたのは、二〇一五年八月からはある程度以上の所得がある高齢者は二割負担になったからだ。二割負担になるのは、六五歳以上で収入が年金のみであれば、年金収入二八〇万円以上の人（高齢者の所得上位二〇％）が該当する。二割負担の場合は倍額だから、三万八六〇〇円になる（ただし、高額介護サービスの自己負担額には上限があり、現役並みの収入がある世帯の上限は四万四四〇〇円であるが、多くの場合自己負担額上限は三万七二〇〇円に抑えられる）。

次に、一人暮らしだと食事が心配だ。毎食自炊は無理だし、好きな総菜ばかり買っていたのでは栄養も偏る。平日はバランスの取れた夕食の宅配を使えば月一万八〇〇〇円。ここまでは、同居の場合もあまり変わらない。仕事をしていれば日中、親は一人になるし、食事の時間やメニューも家族と合わないこともあるからだ。掃除・洗濯は二時間六三〇〇円の代行サービスを月四回頼むことにしよう。

遠距離介護で心配なのは、緊急時。家の中で転んで動けなくなったら――。一定時間トイレのドアの開閉がないとセンサーで察知し、駆け付けてくれる民間の見守りサービスを利用すると、月額約四千円。ここまで（一割負担の場合で）総額五万九三〇〇円だ。月に一度、様子を見に行くとすれば往復の交通費もかかる。東京・福岡間だと航空会社の介護割引を使って四万二千円。しめて、やはり一割負担で計算しても一〇万一三〇〇円となった。年額だと一二〇万円を超える。五年続けば六〇〇万円超だ。

二つ目は、母（要介護３）を都内の自宅で介護するケースだ。一般に、要介護３以上になると一人暮らしは難しくなる。まず、介護保険の支給限度内（一割負担）では、このような介護が考えられる。

月～金　身体介護（着替えや排泄の介助、デイサービスに出かける準備）

月・木　デイサービス（レクリエーション、入浴も）

火・水・金　身体介護や訪問看護（水分補給や排泄介助、血圧や持病チェックなど）

これで二万六三〇〇円。これに、介護保険の支給限度を超える全額自己負担のサービスも加える必要もあろう。平日夜間の身体介護（夕食・排泄の介助や薬の投与）。これがあれば、家族の帰宅が遅くなっても安心だ。これが五万六〇〇円でここまでの合計七万六九〇〇円。さらに週末一泊のショートステイ（一万二千円／回×四）を入れると……合計月額一二万四九〇〇円となる。年額だと約一五〇万円。五年続くと約七五〇万円だ。同居の場合、介護度が重いと家族の負担も増える。一緒にいるのだからとすべて抱え込むと共倒れしかねない。

では、施設入居はどうか。すぐに思い浮かぶのは特別養護老人ホーム。費用は月五万～一三万円程度だが、多くは数百人待ちだ。認知症がある場合、家庭的な雰囲気の中でスタッフと共同生活するグループホームも選択肢の一つ。月額一二万～二五万円で入居金が必要な場合もある。なお症状が進んだり、介護度が重くなると退去しなくてはならないこともあるので要チェックだ。

バリアフリーで一般的な賃貸住宅より住みやすいと最近注目されているのがサービス付き高齢者向け住宅。常駐のスタッフによる見守りや生活相談が受けられる。それ以外のサービスは、在宅と同様、個別に契約する。一時金はないところが多く、月額一〇万～二五万円。食費は利用した分だけ別払いが多い。ここも、施設によっては介護度が高くなると住み続けられない。

最後は、東京在住者がもっとも要介護度が重い要介護5の父を、仙台の介護付き有料老人ホームで介護するケースだ。重度でも住み続けられるのは介護付き有料老人ホーム。費用は入居金と月額使用料（居住費・水道光熱費・食費）に介護度に応じた介護保険の自己負担分が加わる。「ＭＹ介護の広場」という介護専門サイトの試算では、職員の配置が手厚く居室も広い高級タイプは入居費二千万円、月額三二万円。中級タイプで入居費七五〇万円、月額二五万円程度。普及タイプだと入居金一五〇万円、月額一四万円弱。入居金ゼロの施設も増えているが、その分月額料金が高いケースもある。

ここまで、三ケース見て来た。いろいろな選択肢によって異なるが、自己負担割合一割で計算しても、要介護度に応じて費用は月額一〇万円から最大二五万円くらいもかかることがご理解いただけただろう。

また、ここまでは要介護度に応じたシミュレーションを見て来たが、身体的な衰えと同時に気になるのは、認知症だ。家計経済研究所のデータによれば、認知症の程度が重度になると介護費用も大幅に増え、認知症がないか軽度の場合と比べると、いずれの要介護度の場合でもかかる費用はおおむね二倍程度に増える。

仮に、月一〇万円かかる時期が七五歳から五年間、月一五万円かかる時期が八〇歳から五年間、月二五万円かかる時期が八五歳から五年間だとして試算してみると、合計で三〇〇〇万円。今まで見て来たように、これは決して極端なケースではない。ごく普通に予想される範囲内であろう。それでも、一人にかかる介護費用は三〇〇〇万円にもなるのだ。

現行介護保険制度は破綻し、自己負担は六〇〇〇万円にも

しかも、繰り返しになるがこれは介護保険制度が見かけ上は成り立っている現時点での試算だ。実は介護保険制度というのは、年金・医療と比べても、もっとも財源の裏打ちがされていない制度なのだ。介護保険の対象となる介護にかかるトータル費用のうち、利用者が払うのはほぼ一割だけである。あとの九割近くは介護保険から出るかと言うと、そうではないのだ。

介護保険（より正確に言えば「介護保険料」。四〇歳以上の人が払っている介護保険料が介護保険制度を成り立たせる基本のタネ銭なのだ）から出るのは、あとの九割近くのうちの半分でしかない。では、残り半分はどこが出すかと言うと、建前上は「税金」なのだ。その「税金」とはもちろん消費税である。しかし、消費税は遅々として上がらない。制度を成り立たせるには、竹中氏が言うように「消費税率三〇％にしてもダメ」なのだが、政治家は怖くて言えない。だから、今の介護保険制度は絶対に維持できないのである。

消費税率の問題というと、「上げられたら困る」とか「景気に悪影響」とかという話になりがちで、その本質が語られることは極めて少ないから、改めて財務省の「日本の財政関係資料」（平成二八年二月版）を使って、消費税と社会保障との正しい関係について簡潔に説明しておこう。

まず、消費税とはどういう税金であるかと言うと、「社会保障目的税」であって、それはすべて「社会保障財源」として使われる（従来の五％中一％分の地方消費税だけは地方の一般財源）。では、現在八％の消費税率で社会保障の財源

社会保障と消費税と借金の関係

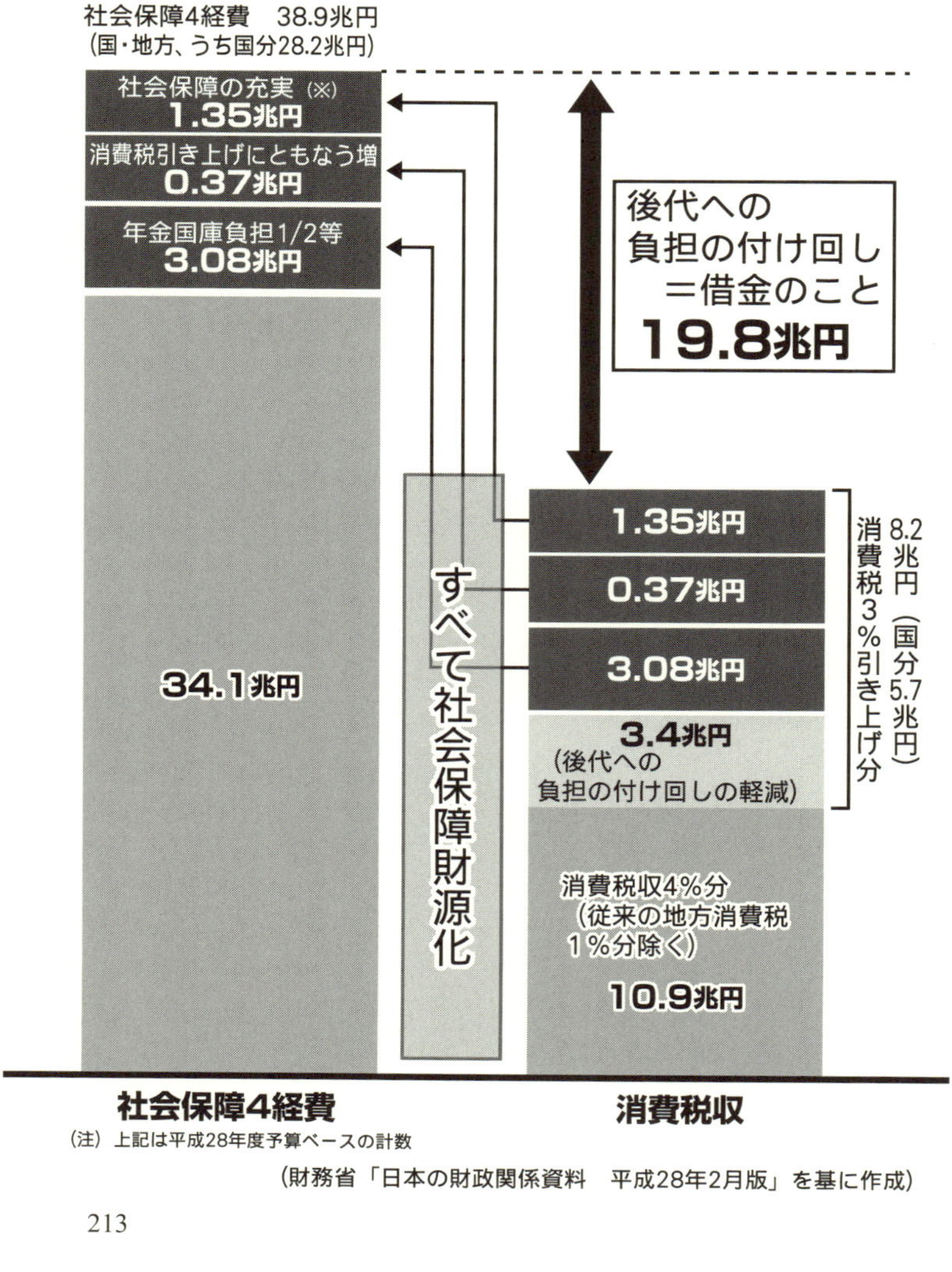

(注) 上記は平成28年度予算ベースの計数

(財務省「日本の財政関係資料　平成28年2月版」を基に作成)

はまかなえているのかと言うと、まったくまかなえていない。現状でも年間約二〇兆円足りない。足りない分はどうしているかと言うと、足りないから給付しませんというわけにはいかないから、当然借金だ（財務省の資料では「後代への負担の付け回し」と表現している）。

では、上げるとか上げないとか言われ続けている一〇％に上げればまかなえるようになるかと言えば、仮に予定通り平成二九年四月から一〇％に上げても、年間で約一五兆円くらい足りない。だから、消費税率を一〇％に引き上げることができたとしても、約一五兆円分は借金で埋めなければならない。しかも、社会保障にかかる費用は増え続けていくから、消費税率一〇％を維持しているだけなら毎年の借金の額はどんどん増えていく。毎年の借金の額が増えていくのだから、累積の借金の額はさらに雪だるま式に膨らんでいく。

繰り返しになるが、毎年消費税率を上げるなどということは、政治的にはできるはずがないから、消費税率を一〇％に引き上げた後も毎年の借金の額は増え続けていくことは確実だ。一方で、厚生労働省は、社会保障のうち介護にかかわる費用は、二〇一二年度から二〇二五年度にかけて、二・三四倍に激増すると推計している。となれば、二〇二五年度までに仮に一〇％から多少の消費税率アップはあっても焼け石に水であるから、この矛盾を解決するには介護サービス利用者の自己負担を増やすしか道はないであろう。

現状では二割負担を求められるのは、上位二〇％の高所得高齢者だけだが、近い将来、基本自己負担二割、高所得者は三割負担くらいになっても何の不思議もない。不思議はないどころか、すでに財務省は介護保険の自己負担を原則二割に引き上げることを提案している。自己負担割合引き上げは、時間の問題だ。そうなれば、先ほど見た一人につき三〇〇〇万円という介護にかかわる自己負担費用は、五〇〇〇万円、六〇〇〇万円に膨らんでも決しておかしくないのである。

家族介護の行く先に待ち受ける、殺人・心中の激増

介護にかかわる自己負担費用が増えれば、なるべく外の施設やサービスに頼らずに自ら介護するしかない。しかし、そうなれば介護家族の負担はトンデモナイものになりかねない。

第二章でも取り上げたが、二〇一六年三月一日、認知症の男性が徘徊中に電車にはねられて亡くなった事故に関して、家族が鉄道会社への賠償責任を負うかが争われた裁判で、家族に賠償責任なしの最高裁判決が下りた。訴訟のニュースというのはイヤなものが多いが、一審では七二〇万円、二審でも三五九万円の賠償を命じる判決が出ていただけに、「老老介護」が社会問題化している今日、このニュースは多くの方が好ましく受け取ったのではないだろうか。

しかし、今回の判決と言えども、全面的に家族の賠償責任を免責したものではない。同居の有無や監護・介護実態を総合的に判断して賠償義務を検討する

としており、ケース・バイ・ケースで場合によっては家族は賠償責任を負うのだ。

介護家族の負担は重い。二〇一六年二月五日、埼玉県小川町の住宅で無理心中を図ろうと七七歳の妻を殺害したとして八三歳の夫が逮捕されたが、夫は逮捕後、食事をとることを拒み続け、二月二三日、入院していた病院で死亡した。これなどは本当に胸が痛む事件であったが、最近は介護にからむ殺人事件・心中事件が後を絶たない。

二〇一六年三月五日付ダイヤモンド・オンラインは、「介護殺人・無理心中の危機をケアマネの過半数が予感」と題する記事を掲載しているが、それによれば現状ですら「介護者の〝介護疲れ〟」はかなり深刻だ。介護支援サイト『ケアマネジメントオンライン』が毎日新聞社と共同で行なったケアマネージャーに対するアンケート調査結果によると、「介護者が心身共に疲労困憊して追い詰められていると感じたことはありますか」という質問に対しては、なんと九三％が「ある」と回答している。そして、さらにショッキングな結果がこれだ。「昨今、介護疲れによる事件が相次いでいますが、自分が担当していたケースで殺人や心中事件が起きてもおかしくないと感じたことがありますか」という質問に対して、実に過半数の五四・八％のケアマネージャーが「ある」と回答したのだ。

介護にかかわる高額な費用を抑えようとすれば、自ら介護をするしかない。しかし、その先に待っているのは……。介護サービスを利用するも地獄、自ら介護をするも地獄——少子超高齢化社会の一〇年後の姿は、いずれにしても地獄絵図なのだ。

「ALWAYS三丁目の夕日」の時代の精神に戻れ

本章は「老後にいくらかかるか」がテーマだ。今まで見て来たように、老後には今現在の試算でも、千万円単位でトンデモナイ費用がかかる。それに加えて一〇年後・二〇年後には社会保障制度そのものの破綻もどう考えても避けられそうもない。その場合にはどんな事態が待ち受けているか、想像すらできない。

こう見て来ると、暗澹たる気持ちに陥ってしまった方もいらっしゃるのではないだろうか。しかし、絶望や自暴自棄に陥ってもしょうがない。ここで一旦、まったく視点を変えてみよう。それは、「老後にいくらかかるか」という視点を止めてしまうことだ。「え、どういう意味？」という方が多いことだろう。簡単である。老後→リタイア→お世話になる→どれだけお金かかるの？　という発想を止めて、生涯現役の発想に切り替えるのである。

そもそも、わが国で「国民皆保険・皆年金」が制度化されたのは、戦後もだいぶ経った一九六一年（昭和三六年）になってのことだ。あの「ＡＬＷＡＹＳ三丁目の夕日」の頃（一九五八年）には、まだなかったのである。しかし、あの映画をご覧になった方、あるいは映画はご覧になっていなくても昭和三〇年代・四〇年代を記憶されている方は頷いていただけると思うが、あの時代、そんな制度がなかった頃の日本はなんとエネルギッシュで活力に満ち溢れていたことか。生きていて、働ける限り働く。それは当たり前だった。どうにも働けなくなった時には、子供や家族やご近所が面倒を見てくれた。制度が整っていない分、人と人との結びつきは強く、人情は厚かった。あの時代の精神に戻ればいいのだ。

「生かされている限り現役」の自覚で働こう！

本書では一貫して、少子超高齢化社会の恐るべき未来像をお伝えして来た。しかし、である。社会保障制度破綻は大変と言えば大変なことだが、それは人口動態からわかり切っていることだから、まったく予期できなかった一〇〇〇年に一度の大地震や原発事故とはまるで違う。そして、予期せぬ原発事故に遭ってさえ、それを期に自立して生きようと決意した福島の人たちがいるのだ。それを思えば、「老後はこんなにお金がかかって……、だけれども社会保障制度は破綻必至でどうなるかまったくわからないし……」などと不安におののいているくらいなら、そんな制度を当てにする発想をやめてしまうことである。

働けるところまで働くことである。年をとっても何かお役に立てることは必ずある。老後のお金は国から与えられるもの――そういう国にたかる精神は自らをダメにする元である。第一、財源はないのだから国からもらおうとしても無理なのだ。だったら、そんな国にたかる考え方をやめて、自らなんとかしようとするしかないではないか。「天は自ら助くるものを助く」という言葉もある。

働き続ける――これもとらえ方で、これからの世の中、七〇、八〇になっても働き続けなくちゃいけないのか……ともとらえられるし、いくつになっても人様のお役に立てる！　ととらえることもできる。後者の考え方で、一〇〇歳を過ぎてもバリバリ現役で活躍されている人もいる。その代表は、聖路加国際病院理事長の日野原重明先生だ。聖路加国際病院にはご縁があり、日野原先生には私もお会いしたことがあるが、これからの超高齢化社会に生きる者にとって鑑になる方だ。先生は九〇歳の記念出版として『生きかた上手』（ユーリーグ刊）というタイトルの本を上梓されたが、この本は一二〇万部（！）を超えるベストセラーとなった。その中で先生は力強く述べられている。たとえばこんな具合だ。

若い人に老人のパワーを見せてやりましょう。その気になれば、年老いてからでも新しいことは始められます。人間は生きているあいだに脳の三分の一しか使っていないという説もあるのですから、なおさらです。

私は九〇歳になりますが、いまだに現役で、創造力も行動力も若い人には負けないつもりです。（中略）

生かされている最後の瞬間まで、人は誰でも「人生の現役」です。その自覚は最低限もっておくべきです。「現役」とは「いま」を生きることに、自分という全存在を賭けている人のことです。年齢や性別とは関係がありません。

（日野原重明『生きかた上手』ユーリーグ刊）

なんと力に満ちた言葉だろう。「今」に全存在を賭けて生きる！　どうなるかわからない将来のことを取り越し苦労して不安におののいているようでは、「今を生きている」とは言えない。生きるのは「今」しかない。「今」に全存在を賭けて生きている間は、生涯現役だと言えるだろう。先生はまさに「人生の現役」を生き続けられている。

さらに先生は一〇〇歳を迎えられて『いのちを育む』（中央法規出版刊）という本を上梓されたが、その中でも力強く「老人」の生き方について説かれている（先生は「老人」という言葉を積極的に使われる。「老」には「経験を積む」とか「造詣が深い」などの意味があって、本来尊敬語だという考え方による）。

日本の老人人口は急増しています。それ故、老人は自分たちのためだけでなく、家族や地域社会、国家のためにも生産的に生活することが強く要求されています。（中略）

これからの六五歳以上の老人は、十五歳～六四歳までの生産年齢人口の世代の世話になるのではなく、積極的に社会活動に携わり、医学の進歩とセルフケアに努めることによって、社会の生産力として、健康で生き生きとした人生を送らねばなりません。

（日野原重明『いのちを育む』中央法規出版刊）

「老人」になっても、お世話になるのではなく、自分のためだけに生きるのでもなく、世のため、人のため、国のために、積極的に、生産的に活動する。一〇〇歳を過ぎて、なんと力強い言葉だろうか！

どうしてもお金がなければ、自給自足すべし

今こうして日野原先生の言葉を読まれて、大いに力づけられた読者もいるであろうが、一方で「でも……」と思われた読者もいることだろう。「日野原先生

は特別だよ。有名な病院の偉い先生だろ。お金もあるだろうし。私たちとは違うよ」……。では、それほどお金がない人はどうしたらよいのか。本章の最後に、お金がかからない究極の生活法について触れておこう。それこそ、自給自足である。自給自足ならお金はかからない。「そんなことができるものか」と思われる読者が大半だろうが、しかし終戦直後の昭和三〇年頃まで日本の半数近くは農家だったのだし、もう少し遡って幕末から明治初期あたりになると八割方が農家だったのだから、それを考えれば全然あり得ない話ではない。

自然農法の提唱者・実践者として名高い福岡正信氏は（福岡氏も九五歳まで生きた）、一反（約九九二平方メートル）の土地があれば自給自足は可能だとして、次のように述べる。

日本の農地は約六〇〇万ヘクタールで、大人一人当たり一〇アール（三〇〇坪＝一反）以上の面積になる。日本の農地を二千万世帯に分割すれば、一家一世帯当たり三反歩の農地と、そのほかに山林原野が一ヘクタール（一町）つくわけである。一家数人の者が、完全な自然農法で自給体制をとるために必要とする面積は、わずかに一〇アールでよい。その面積の中で小さな家を建て、穀物と野菜を作り、一頭の山羊、数羽の地鶏や蜜蜂を飼うこともできる。

（福岡正信『無Ⅲ　自然農法』春秋社刊）

「そう言われても、ちょっと現実味が……」というのが、大半の読者の思うところだろう。確かに、福岡氏の理論上は（また福岡氏の実践においては）自給自足は可能かもしれないが、実際やれるかと言えばここまでやれる人は現代の日本においてはほぼゼロに等しいであろう。しかし、自家用の野菜を作ることくらいなら決して難しくないし、さらに言えば自然栽培で大豆を育てて味噌を作るなどというのもそれほど難しいことではない。あとは米をなんとか調達できれば、一汁一菜の生活は送れる。

「そんな食生活……」などと嘆くことなかれ。今一度、聖路加国際病院の日野原先生の言葉に戻ろう。先生は「粗食こそが健康の基本」として次のように述べられている。

> 七五歳を過ぎてもなお多くの人が健康でいられるのは、若いときに粗食を余儀なくされたおかげであり、なおかつ、豊かな時代になってからも飽食に走らなかったからです。結果として、いわゆる生活習慣病と総称される、高血圧、脳卒中、心臓病、糖尿病、肝臓病、肺がんなどを回避できたのです。
>
> （日野原重明『生きかた上手』ユーリーグ刊）

一汁一菜はむしろ健康にはいいのだ。自ら栽培して半自給自足生活を送れば、老夫婦で生活費を月額一〇万円（日額にして三〇〇〇円）以下に抑えて健康的な生活を送ることも、やる気になれば十分に可能だろう。これなら、仮に年金が半分に減らされても、やっていくことができるだろう。田舎には井戸水や地下水で水道代タダのところだってある。

お金を殖やすなら海外投資しかない！

しかし、ここまでハードルを下げても、多くの読者は難色を示すかもしれない。「半自給自足って言っても、土地がないとできないし、都会じゃ無理。水道代タダの井戸水や地下水のところなんて相当田舎でしょ。田舎は不便。ネットの時代とは言っても、やっぱり都会には何でも揃ってるから、便利だし快適だし安心」と。

それは確かにそうだ。先に自給自足を提言した時、終戦直後や幕末の頃の話を書いたが、あの時代はまず電気もガスも水道もなかった。今の私たちの生活には当然電気・ガス・水道は完備されていて、その分ベースとして水道光熱費はかかる。さらに、スマホや携帯も必需品だからその分の通信費も当然かかる。こういったベースだけで、夫婦二人で月々最低でも三〜四万円くらいはかかるだろう。幕末や終戦直後などとは前提条件が違う。その他諸々。私たちの生活は自給自足時代とはまったく様変わりして、もうすっかり、溢れる物資・溢れる情報・整備されたシステムに取り囲まれている。一言で言えば、そういう便利で快適な生活をお金で買う生き方になってしまっているのだ。

そうした現代生活に高齢化という要素が加わる。介護保険制度の自己負担割合増は避けられないから、良質な介護サービスを受ける（買う）ための費用はこれから相当高額になっていくだろう。テレビＣＭやネットを見ていると、健康にいいと言われるサプリメントをたくさん宣伝している。いろいろ良さそうなものがある。健康維持のためにこれらを買う費用も結構かかるだろう。総務省の調査でも、七〇歳以上の世帯ではサプリ代だけで月額二万円以上もかけていると出ている。やはり老後はお金がかかる。にもかかわらず、年金の減額は必至。だからできる限りお金を貯めておきたい。それも相当、できれば一億円くらい貯めておきたい。そのためのお金はどうしたらよいのか――。

そういう方向性の場合も、これまた自力でやるしかない。繰り返しになるが、老後のお金は「国」から降っては来ないのだ。やはり自立して考えねばならない。まず自ら働き、そして自ら運用して殖やすことだ。そして、運用するなら海外だ。

残念ながら、日本はもう経済成長はしない国だ。基本、経済成長しない国にあって投資して儲かるものはない（ただ、都心一等地の不動産だけは年金を補うものとして期待できる。不動産投資に関しては拙著『東京は世界一バブル化する！』〈第二海援隊刊〉をお読みいただきたい）。ゼロ金利はその象徴だ。

ゼロ金利ということは金利がゼロでも借り手がいないということだ。もし借り手がわんさかいるのなら、銀行は金利をゼロにしておくことはない。上げればいいのだ。その方が儲かる。そうしないのは、できないからだ。人口減少＝内需縮小の経済状況下で借り手がいないのだ。銀行からお金を借りて、工場を建てたり、店を出したり、家を買ったりする人がいないのだ。虚心坦懐に考えれば、そういう国が経済成長するはずがないのは明らかである。

運用や投資と言うと、多くの読者は〝株〟と考えるだろうが、経済が成長しない国の株式は、一時的にはともかく長期的には上がるはずがないから特に長期投資には適さない。今はたまたま、異次元緩和などという異常な経済政策によって上がっているだけだ。

投資・運用するのなら、海外でなければならない。では、海外でどういう投資・運用があるのか——次章ではそれについて述べていこう。

第七章
もう、自分年金を作るしかない！

今こそ〝自衛〟をする時

ここまで本書を読まれて、多くの読者は言葉を失ったかもしれない。では、私たちはどうすれば良いのか。

「この国は間違っている。正しい方向に導きたい！」という崇高な志をお持ちの方であれば、政治家になることをお勧めしよう。もちろん、誰とは言わないが今の政治家のように私利私欲のために行なうのでは困る。自らの私利私欲を捨てて公のために働くという、滅私奉公の精神で行なう方であれば大歓迎である。同じく尊い精神を持って一流の官僚になり、国を後ろから支える役目を担うことも考えられる。

ただ気を付けて欲しいのは、この国にはそれほど時間が残されておらず、現状は末期的な状況であるということだ。しかも、そのような道に進むのはほんの一部の方で、大多数の方がまったく畑違いの道を進んでいて、今さら道筋を変更するのは到底無理である。今いる政治家、官僚にそれを期待するのも到底無理だ。現状の打つ手がない日本の形を作ったのは、彼ら自身なのだから。

では、本当にどうすれば良いのか。ここまで来ると必要なことは自衛である。国が頼りにならない以上、自分の身は自分で守るしかない。少なくとも将来の自分と自分の家族の生活を今まで通り平和に満ち溢れたものにするためには、自衛の手段をとるしかない。自分で老後の食い扶持を作るということだ。そのためには、運用する知識と力が不可欠である。

マイナス金利下では普通の運用はやらない方がマシ

二〇一六年一月二九日、日銀は前代未聞の決定を下した。二月中旬から導入された日銀当座預金に対する「マイナス金利」である。ここでは、マイナス金利の効果や正否について詳しく解説するつもりはない。ただ、常識で考えると、この「マイナス金利」がいかにおかしなことかがわかる。

借金をする時、普通であればお金を借りる方が返済の際に利息分を付けて返す。その利息は、借りる方の信用によって利率が異なる。信用が高い人の場合、返してもらえる可能性が高いので利息は少なくなり、信用が低い人の場合、返してもらえる可能性が低くなるので、利息は高くなる。これが金融の常識である。そして、これまでは利率が上下することはあってもゼロという下限があった。今回の「マイナス金利」は、その下限を壊してしまったのである。お金を借りる方が、返済の際に「マイナス金利」分を付けて返すということは、つまりお金を貸す方が金利分を払って、お金を借りてもらうことになるのだ。

「借金は貸し手が強い」と昔から決まっていたわけで、時代劇では「借金のカタに子供を」といった様子が描かれていたりする。それが「マイナス金利」になると、貸し手ではなく借り手が強くなるというわけで、完全なモラルハザードが起きているのである。

このような「マイナス金利」を日銀が導入した結果、一つの大きな問題が起きてしまった。それは、運用先がなくなったという問題である。「マイナス金利」の導入が決まってすぐに国債の金利が軒並み低下し、一〇年物の国債金利を意味する長期金利までもがマイナスになった。一方の株式相場も年初来大きく下落したあと、この先の見通しも決して明るくない。

資本主義経済において、お金や資本は人間の体を巡る血液のようにたとえられるが、その中で金利はいうなれば血圧みたいなものである。血圧は、あまりに高過ぎると問題であるが、あまりに低過ぎるのも問題だ。血圧がゼロになると、人間で言うと死を意味する。つまり、金利がゼロになるというのは本来異常な事態であり、経済活動に何らかの異常を来す。そして、それを超えたマイナスというのは通常では起こり得ないことだ。

今回の「マイナス金利」はそれほど異常なことであるという認識を持って欲しい。経済活動にとってどれほどの悪影響が出るのか、今後だんだんとその恐るべき実体が姿を現して来ることだろう。市場もそれを恐れてか、本来金利を下げると株価は上昇するわけだが、今回はまったくそのようになっていない。市場も今回の相場の違和感を肌で感じとっているのである。

アメリカは、昨年末利上げを行なった。それはこれまでの異常な低金利を危惧し、健全な経済に戻す意味を込めて行なった。しかし、年を越して二〇一六年初めから株式は世界的に下落し、日本は「マイナス金利」の導入を決め、その後スウェーデンが二月一一日、マイナス〇・三五％をさらに引き下げ政策金利をマイナス〇・五％までにした。他にも欧州ではマイナス金利が常態化しつつあり、ＥＣＢ（欧州中央銀行）はマイナス〇・四％、スイスはマイナス〇・七五％と日本と同じく中央銀行の当座預金の金利に対してそれぞれ導入している。

今世界を見渡すと、主要国ではほとんど金利というものが存在せず、わが日本国を含めいくつかの国ではマイナス金利が導入されるという異常さである。このような先進国で金利のない世界では、一般的な運用で得られる収益はほとんど期待できるはずがない。せっかくリスクをとっても、得られるリターンが期待できないのであれば、運用なんかしない方が良い。つまり、普通の運用であればやらない方がマシなのである。

海外ヘッジファンドとは？

先進国では軒並み金利がなくなり、一般的な運用が困難な中、それでも私たちの老後を考えると安定的な運用をしなければならないというのはなんとも難しい話である。特に日本は金融の後進国であり、金融リテラシーが十分に育っていない。「金融リテラシー」とは、金融に関する十分な知識や情報を持ち、金融に対して自分で判断していく能力のことである。日本では、投資教育ということが学校ではもちろんのこと、家庭でも十分に行なわれていない。「金融リテラシー」が欠けているのである。こんなハンデを背負いながら、自ら安定的な運用を行なうなんて不可能だと思われる方もいるだろう。そう、不可能なのである、今のままでは。

でも、安心して欲しい。「金融リテラシー」が欠けているから運用できないのであれば、それを身に付ければ良いだけのことだ。金融のプロになるほどの知識や情報を身に付ける必要はない。トレーダーのように瞬時に行なう判断力を養う必要もない。安定的な運用を行なうために必要な知識だけを身に付ければ良いのだ。では、必要な知識とは何か。それは、「海外の優れた運用ノウハウを学び、利用するための知識」ということである。具体的には、海外のヘッジファンドなどを研究し、それを活用するということである。せっかく金融のプロが日々切磋琢磨し、最先端の金融知識を駆使して優れた運用を行なっているわけだから、それを利用してしまえば良いのである。

さて、ここで気を付けるべきことがある。特にヘッジファンドと聞いて「そんな危ないものに投資するのか」と危惧された方は要注意である。ここでのポイントは先入観で判断しないということである。もし、あなたが金融のプロ中のプロであれば話は異なるが、そうでなければ間違った認識で判断してしまっているのではないだろうか。

ヘッジファンドを聞きかじった方は、一昔前のアジア通貨危機の戦犯のように言われたジョージ・ソロスのクォンタムファンドや、一九九八年にドリームチームと言われながら破綻したＬＴＣＭなどをイメージされたかもしれない。または日本株が乱高下した時に「ヘッジファンドが売り浴びせて」などと新聞やマスコミで言われることをそのままヘッジファンドのイメージにされているかもしれない。いずれにしても、日本では「ヘッジファンド悪玉論」がはびこっており、それによって「ヘッジファンド」＝「危ない」という間違った認識がされている。

確かにヘッジファンドの中には危ないものもある。しかし、元々ヘッジファンドは安定的に動くようにという意味で作られたものだ。ヘッジファンドのヘッジとは、「回避」という意味がある。何から回避するかと言えば、下落相場による株の値下がりを回避するという意味である。

一九四〇年代のアメリカ、主に積極的な運用の対象が株式投資だった時代である。株式投資は長期で有効な運用手段だったものの、時々大暴落があり、それが投資家の悩みの種だった。その悩みを解決したのが、アメリカ人の社会学者であるアルフレッド・ジョーンズ氏だ。彼は相場の上昇時には通常通り買い

（ロング）を行ないながら、下落時にはそれに対応するために売り（ショート）を行なったのである。買い（ロング）だけでなく売り（ショート）を組み合わせることで株式相場の下落に対してヘッジしようとした運用が、ヘッジファンドの起源と言われている。

なぜ、売り（ショート）からできるのか不思議に思われたかもしれないが、金融の世界ではいろいろな方法があるのだ。空売りであったり、先物の売りであったり、プットオプションの買い（実際に相場では売りの効果）であったりと。これらの仕組みを理解するに越したことはないが、「難しそうだな」と思われた方は、そういった方法で売りから取引を行なうことができるという認識だけを持っていただくのが良いだろう。売りから取引した場合、相場が上昇するとその分損をする、逆に相場が下がるとその分収益を出す。通常の株式を購入するという、買いからスタートする取引の逆のことが起きるのである。

ここで、買い、売りを両方使う、通常の運用とは異なるヘッジファンドについて、もっとも気を付けるべき点を申し上げておこう。それは身の丈を超えた運用をしているものに近付かないということだ。ヘッジファンドの一つ目の特徴は売りから取引ができるということだ。そして二つ目の特徴は、レバレッジというものだ。このレバレッジが、「ヘッジファンド」＝「危ない」という間違った認識がされているもっとも大きな要因と言えるだろう。

レバレッジとは、テコの原理のことである。小学生の理科の実験で行なった小さな力で大きなものを動かす力のことだ。身近な例では、車のブレーキにも使われている。ブレーキペダルを踏むだけで、それまで急スピードで走っていた車が止まる、この力である。では、ヘッジファンドの世界のレバレッジとは何かというと、小さな資金で大きな資金を動かすことだ。一〇〇〇万円を使って二〇〇〇万円の力で運用を行なったり、三〇〇〇万円の運用を行なったりすることである。一〇〇〇万円の資金で二〇〇〇万円の力で運用した場合にはレバレッジ二倍、三〇〇〇万円の運用をした場合にはレバレッジ三倍と表現する。

レバレッジをかけると、良くも悪くも上下の幅がその分大きくなり、投資の効率が良くなる。一〇〇〇万円を元手に運用した場合、市場が思った方に一〇％動けばプラス一〇％で一〇〇万円の収益となる。市場が思った方とは逆に一〇％動くと、マイナス一〇％で一〇〇万円の損失となる。今度は同じ市場の動きをレバレッジ二倍かけて行なったとすると、まず一〇〇〇万円を元手に二〇〇〇万円の運用をすることになる。その場合、市場が思った方に一〇％動くとプラス一〇％で二〇〇万円の収益となり、元手一〇〇〇万円からみると二〇％の収益を上げたことになる。一方で、市場が逆の方向に一〇％動くと、マイナス一〇％で二〇〇万円の損益となり、元手一〇〇〇万円からみると二〇％の損失を出したことになる。レバレッジ三倍の場合も同じ考え方で、市場がプラス一〇％またはマイナス一〇％になると、元手から見るとプラス三〇％またはマイナス三〇％という結果となる。つまり、レバレッジを掛ければかけるだけ、その倍率に比例して損益も拡大するのである。

なぜこのようなレバレッジが可能かと言えば、市場はゼロか一〇〇かの世界ではないからだ。日経平均は現在一万六〇〇〇円台だが、仮に一万六〇〇〇円だとして、次の日の日経平均がゼロになるわけでも一〇〇％上昇して倍の三万

レバレッジの効果とは

投資額 1000万円

プラス10％

レバレッジなし
➡100万円（10％）の収益

レバレッジ2倍
➡200万円（20％）の収益

レバレッジ3倍
➡300万円（30％）の収益

マイナス10％

レバレッジなし
➡100万円（10％）の損失

レバレッジ2倍
➡200万円（20％）の損失

レバレッジ3倍
➡300万円（30％）の損失

二〇〇〇円になるわけでもない。つまり、日々動く株価の幅はある程度決まっているのである。一日であればせいぜいプラスマイナス数%、多めに見て上下一〇%で見ておけば十分だろう。すると、一部の資金を担保にしてそれ以上の取引を行なったとしても決済ができるのである。先ほどの最大一〇%上下に動く市場であれば、一〇倍のレバレッジを掛けることが可能なのだ。そして、実際にはその会社の信用力を使いながら、もっと大きなレバレッジを掛けることだってできるのである。

ヘッジファンドは、レバレッジを効率的に使い、買いと売りを駆使しながら収益を狙う。レバレッジが大きければ普段の上下が大きくなり、レバレッジが小さければ上下は小さくなる。この普段の上下を金融の世界では〝リスク〟と呼ぶ。どのくらいまで上下するのか、どのくらいのリスクまで耐えられるかは人それぞれだから一概に数字を出すことはできないが、このリスクの数字が許容できる範囲で、つまり身の丈を超えない範囲の海外ヘッジファンド投資を心掛けるのが重要である。

金融後進国・日本

ヘッジファンドの特徴をもう一つ述べておこう、それは〝管理費、成功報酬〟という考え方である。「管理費」は、日本の投資信託でいえば注意書きに記載がある信託報酬というものに相当する。毎年、運用が成功していようが、失敗していようが必ずかかって来る経費である。それとは別に「成功報酬」というものがある。これは、運用が上手くいった時に運用者が得る報酬である。

ヘッジファンドは「売り」からも行なうため、市場環境を言い訳にできない。たとえば日本株の投資信託であれば、日経平均が暴落するとよほど特殊な銘柄でなければどうしてもつられて下落してしまう。その時、日経平均が二〇％暴落する中でその投資信託が一〇％の下落であれば、それを扱う証券会社はこういうだろう。「日経平均が二〇％も下落しているのですから、一〇％下がるのは仕方ないのですよ」と。自慢気に「日経平均が二〇％も暴落している中で、この投信は一〇％しか下がっていません。優れた投信ですよ」と答えるかもしれない。一般的な投資信託の場合、市場平均に勝つことが目的になっている。それを満たせばいくら下がっていたとしても優秀という評価になる。ただ、投資側から見ると、優秀でも何でもない。一〇％下がっているのだ。それなら投資しない方がマシである。しかし一般的な投資信託の場合には、そのような言い訳が認められているのだ。

ヘッジファンドにはそのような言い訳は通用しない。市場が下落するのであれば「売り」を行ない収益を出すことができる。ヘッジファンドにはこのように、あらゆる市場環境で収益を出すべきという「絶対収益」という考え方がある。ヘッジファンドは、投資家から常に収益を求められているのであり、運用者もどれだけ他より上手く収益を得るかを競っているのだ。ヘッジファンドの優劣はファンドをいかに安定的に魅力的な収益を出せるかどうかだけで、それ以上でもそれ以下でもない。運用の上手い者が偉い、という弱肉強食の環境の中で、上手く運用することが実力であり、その実力を評価する意味で成功報酬が存在する。

ヘッジファンドのコスト部分である管理費は二～三％が、成功報酬は二〇％が一般的な数字だ。ただ、金融のプロから見ると、このコストがもったいないと映るようである。たとえば、欧米の投資銀行の場合、銀行と名は付いているが、実態はヘッジファンドのようなことを行なっている。このような金融のプロは、「なぜヘッジファンドにコストをかけてお金を運用してもらわないといけないのだ。自分で運用した方が良い」と考えるのである。それも当然の話であろう。なぜなら、彼らはヘッジファンドと同業他社のような存在なのだ。他社に運用してもらうのであれば、自社で運用した方が良いと考えるのは当然なのである。それ以外にも市場や運用の環境が変化したことで、ヘッジファンドに高い手数料を払わなくても自分達で運用できる環境が整い始め、実際にそうしようと考え始めた組織もある。アメリカの年金基金などである。

ただ、ここで注意して欲しいのは、投資銀行もアメリカの年金基金も金融のプロ中のプロであるという点だ。自分達で運用できるのであればそれが一番よいに決まっている。問題は、それが日本でできるかどうかである。残念ながら日本で金融に精通しているプロは、金融機関にさえほとんどいない。嘘みたいな本当の話だが、リーマン・ショックの時にサブプライムローンが焦げ付き欧米の銀行が大損でパニックに陥っている中、日本の銀行には直接の影響がなかった。これは何も日本の金融システムが素晴らしかったのではない。欧米の金融機関が好んで取引した金融商品が最先端過ぎて、日本の金融機関ではついて行けずにそれらを持っていなかったからだ。日本が優れた手腕を発揮して危機回避したのではなく、勝手に欧米の銀行が飛ばし過ぎてクラッシュしたところに、レースに出遅れた日本がいなかっただけの話なのである。

金融機関でさえこの様だから、普通の日本人はどうしても金融の素人集団である。だから自分達で運用しようとしても無理なのである。そうであれば、少々のコストを払ってでも上手く運用できるところにお願いした方が良いのである。ヘッジファンドの、一見すると高く感じる管理費や成功報酬は、必要経費なのである。ここはぜひ、発想の転換を行なって欲しい。

ヘッジファンドの実例を見るにあたって

いよいよヘッジファンドがどれほど魅力的なものかを実例を踏まえながら見ていくことにするが、三つの点をあらかじめ断っておこう。

一つ目は、今回のテーマが〝自分年金作りのため〟ということなので、数あるヘッジファンドの中から、特に安定感に優れた運用戦略、そしてその実例としてのファンドをご案内しているということだ。安定感重視の中でもリターン狙いのものやより安定感を重視するタイプがあるので、そこにも注目して欲しい。なお、これらは巻末にご紹介している「自分年金クラブ」という庶民向けの会員制組織で情報提供を行なっているファンドである。

二つ目は、先ほどヘッジファンドの管理費や成功報酬の話をしたが、これからご案内するリターンの数字はそれらを考慮してすべて引いた後の数字であることだ。ヘッジファンドの成績を表す時に、「ＧＡＶ」と「ＮＡＶ」という二つの数字がある。「GAV」は「Gross Asset Value」の略称で、純粋に運用収益だけを反映した管理費や成功報酬が引かれる前の数字のことだ。そして「NAV」は「Net Asset Value」の略称で、正味の価格または投資家の手取りの価格を意味しており、管理費や成功報酬は引かれた後の数字である。通常は投資家向けに作られるファンドの報告書は、わかりやすい「NAV」で表示してあるものがほとんどだが、中には成績を良く見せるために意図的に「GAV」で表示しているものも存在するのでその点注意していただきたい。今回の本で取り上げるリターンの数字は、投資家にとってわかりやすい「NAV」の数字を元にしている。

三つ目は、これから読み進める上で多少専門用語が増えるので覚悟して欲しいということだ。先ほどの「GAV」や「NAV」というような専門用語が、ヘッジファンドの世界には数多く存在する。どこの業界でもそうだが、最先端の世界を見ていくわけだから、専門用語が出て来るのは仕方がないことである。読みやすいようになるべく解説を加えるので、そこで躓かずに必死について来て欲しい。そうすることで、あなたはこの厳しい時代において命の次に大切な資産を殖やす方法を身に付けることができるのである。

株式投資を行なうリスク愛好家に適したグローバル・マクロ戦略

まず一つ目にご案内する運用戦略はグローバル・マクロ戦略というものだ。これは、ヘッジファンドの王道中の王道の戦略であり、面白みのある戦略でもある。株式投資をされている少しリスク愛好家の方に向いている戦略かもしれない。名称になっているグローバルは世界のことで、大局を意味するマクロの視点から投資を行なう。これがグローバル・マクロ戦略である。

一昔前のジョージ・ソロス氏は、このグローバル・マクロ戦略の申し子のような存在である。ソロス氏は「イングランド銀行を潰した男」という形容詞があまりにも有名である。一九九〇年にイギリスポンドが当時ユーロ（正確にはその準備段階の組織）加入のために、ドイツマルクに連動して動くようにペッグ制を採用した。ソロス氏は、そのペッグしたレートではポンドが強く評価され過ぎていると判断し、大量のポンドを売り浴びせたのである。イングランド銀行は外貨準備高を使いポンドを買い支えたり、利上げをしたりしてなんとかポンドの価格を下落させないようにしてペッグ制を維持しようとしたが、一九九二年九月こらえきれずポンドの価格は大幅下落。ソロス氏は莫大な利益を上げて勝利宣言したのである。

他にも、サブプライムローンに端を発した金融危機で莫大な収益を上げたカイル・バス氏も有名である。このような大きな視点で場合によっては国を相手にしながら取引を行なう戦略がまさにグローバル・マクロ戦略である。

ただ、最近のグローバル・マクロ戦略のファンドには、このような派手さはない。株でたとえると、一昔前のグローバル・マクロ戦略が値動きの荒い新興企業の個別銘柄であれば、今のグローバル・マクロ戦略は値動きが少ない超大手企業の株、または市場平均を表す日経平均のようなものである。最近ではグローバル・マクロ戦略もコンピュータを使いリスクコントロールを行なっている。何より一九九〇年代のような攻撃的な運用を行なっているファンドよりも、安定的な収益を期待するファンドの方が多くなりつつあるのだ。第二海援隊グループの投資助言会社である「日本インベストメント・リサーチ」で情報提供を行なっている「ＮＰ」というファンドもその一つだ。この「ＮＰ」の情報を使って最近のグローバル・マクロ戦略のファンドがどのようなものかを詳しく見てみよう。

株式よりも安定的で、株式よりも収益を期待するファンド「ＮＰ」

金融商品の運用レポートを見る時に、皆さんはどこに目がとまるだろう。まずチャートに目が行くだろう。そして、同時にリターンを注目する人が多い。次はどこを見るだろうか。分配金だろうか、それとも運用先だろうか。運用レポートや報告書を見たことがないという方は、あまりにも他人任せである。最近、証券会社ではファンドラップ口座（投資の一任勘定）を盛んに進めているようだが、そのような金融商品の選択まで他人任せではダメである。しっかり自分の目で見て、金融商品を吟味して欲しい。

ここで、日本の一般的な投資信託の運用レポートにはない項目がヘッジファンドには存在する。「リスク」という数字である。そして、この「リスク」は極めて重要な数字である。「リスク」は危険性という意味もあるが、金融の世界での「リスク」は「標準偏差」や「ボラティリティ」という言葉と同じ上下のブレ幅を意味することが多い。「リスク」が大きいということは上下が激しくブレるということで、不確実性が高まる。逆に「リスク」が小さいということは、上下のブレが穏やかで安定的になる。

「リスク」の数字は、人によってとらえ方が異なるため一つの目安を付けておくと、先進国の株式指数のリスクの数字が年率一五～二〇％程度である。個別銘柄になるともっと大きくなるし、新興国の株式指数でもやはりもっと大きくなる。あくまで先進国の株式指数だから、日経平均の上下のブレ幅がその程度ということである。だから、日本株への投資をされたことがある方は、年率リスクが一五％～二〇％以上あるものに知ってか知らずか、すでに投資されていたのである。

これを踏まえて「NP」というファンドの二〇一六年一月の報告書から数字を確認すると、二〇一一年三月～二〇一六年一月の期間での年率リスクが一一・七％と先ほどの先進国の株式指数よりも安定した数字になっている。そして、気になる年率リターンはと言えば一八・〇％もあるのだ。このファンドの目標年率リターンが一二～一五％なので、実績も考慮して今後、年率リターン一五％で運用されたとすると、五年後にちょうど二倍になる。

これからの市場環境において、一般の株式投資で五年後に二倍の収益が果たして期待できるだろうか。「NP」は、数字から見ると株式よりも安定しながら、株式よりも収益を期待するファンドの作りになっているのである。そうであれば、株式投資をされている方で上手くいっていない方は「NP」に乗換えてしまった方が良いというのも一つの合理的判断だ。

「NP」は一般的な株式投資よりも魅力的な数字を出しているヘッジファンド

だ。チャートもしっかり右肩上がりである。ヘッジファンドがそれほど危険でないことも前述の通りだ。それでも納得せずに日本株にしがみついている方がいたら、ハッキリ言って理解不能である。残念ながら、発想の転換ができなければ生き残ることはできない。そんな上手い話は信用できないというお考えであれば、それは信用できないのではなく、信用に足る情報を知らないだけである。

「NP」の運用会社はイギリスに本拠を構えている。元々フランスの大手金融機関に在籍した経験豊かな人物が、独立して二〇一〇年七月に設立している。スタート当初の運用額は一〇億米ドル（当時のレートで約九〇〇億円）規模だったが、その数年後の二〇一五年一二月三一日時点で七六億ポンド（約一兆三六〇〇億円）と、大手ヘッジファンド会社へと急成長している。運用会社にはフランスの親会社グループがあり、そこは世界最大級の巨大金融グループである。運用残高は二〇一五年一二月三一日時点で八七〇三億米ドル（約一〇〇兆円）もあり、この規模は日本で一番の預かり資産を持つ証券会社である野村

「NP」チャート

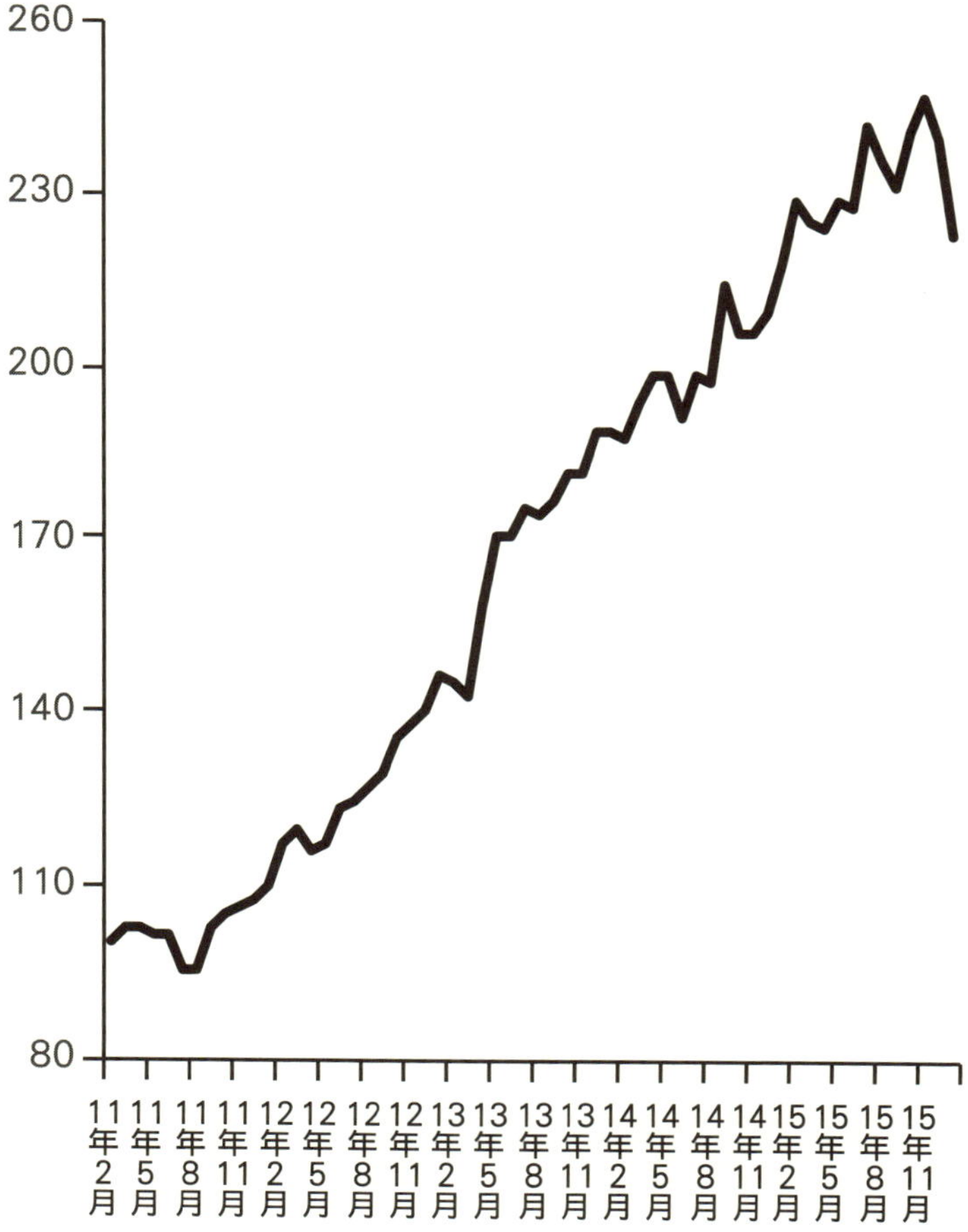
260
230
200
170
140
110
80
11年2月
11年5月
11年8月
11年11月
12年2月
12年5月
12年8月
12年11月
13年2月
13年5月
13年8月
13年11月
14年2月
14年5月
14年8月
14年11月
15年2月
15年5月
15年8月
15年11月

証券や大手メガバンクと肩を並べる。実は、日本の投信信託の業界にも進出しているため、知らずにこのグループの投信を購入している人もいるかもしれない。

このように、「ＮＰ」はバックグラウンドがしっかりしているヘッジファンド業界の中でもサラブレッド的な存在なのである。

「ＮＰ」の運用はチームによる会議制

ヘッジファンドは運用のユニークさが魅力でもあり、それは「ＮＰ」も同様である。「ＮＰ」はグローバル・マクロ戦略だから、世界を大局から見てアプローチする。その方法は、人の判断を入れる「ディスクレショナル運用」である。

ヘッジファンドの運用には「ディスクレショナル運用」と「システム運用」の二つがある。ディスクレショナル運用は取引する際に人の判断を入れる。システム運用はあらかじめ決めたルールで淡々と運用を行ない、取引する際に人の判断を入れない。「ＮＰ」は前者である。

人の判断を入れるといっても直感で運用するのとは異なる。「ＮＰ」は、すぐに換金できるように流動性が高い市場を投資対象としており、債券、株式、通貨市場をメインとしている。それらの市場をコンピュータで分析し、一旦最適な分散まで行なった後、人の判断を入れて組み直すやり方をしている。今の相場で数多くに分散しようとすると、コンピュータなしではまずできない。

「ＮＰ」はチーム制で運用を行なうが、取引を行なう際、短期取引と長期取引とで分けて行なう。短期取引は一週間以内の取引を意味し、それは現場のチームの判断で行なう。短期取引は運用額全体の〇～五〇％までと決められている。長期取引は六ヵ月以上の期間を意味し、それは会社全体のミーティングにおいて出た方針によって行なう。長期取引は運用額全体の五〇～一〇〇％までと決められており、短期よりも長期取引を優先している。なお一週間以上、六ヵ月以内の中期取引は競合他社が多いため、行なわないと決めている。

以上が「NP」の概略である。投資を行なう際にはもっといくつかの情報が必要であるが、他にも魅力的な運用戦略またファンドがあるのでこの程度の説明にとどめておこう。最後に繰り返しになるが、「NP」のキャッチフレーズは「株式よりも安定的で株式よりも収益が期待できるファンド」である。

ヘッジファンド、安定性を重視すれば価格差狙い

ヘッジファンドが収益を得ようとする方法には大きく二つある。一つは「NP」のように市場の方向性に乗るとする方法である。これを「ディレクショナル運用」と呼ぶ。ディレクショナル運用の場合には、収益を重視するものが多い。丁半博打のような恐ろしくハイリスク・ハイリターン狙いのヘッジファンドもたまにあるが、そういったファンドはこのディレクショナル運用とお考えいただいてまず問題ない。なお、すでに申し上げているが、このような丁半博打のヘッジファンドは目立つため、ヘッジファンドの一般的な形態のように捉

えられがちであるが、こういったものはヘッジファンドでも珍しく、通常のヘッジファンドの場合には株式よりも安定している（年率リスクが低い）ものが大半である。

もう一つは、市場にある価格差を狙う方法である。ヘッジファンドの運用戦略では、「アービトラージ」（裁定）や「マーケット・ニュートラル」（市場中立）、「レラティブバリュー」（相対価値）などがこれにあたる。簡単なモデルで説明すると、似たような動きをするものが二つあった時、その二つの相場を比較し、割安な方を「買い」、割高な方を「売る」という方法である。割安なものは上昇しやすく下げにくい、割高なものは上昇しにくく下げやすい。結果その差が縮まることが多く、そこが収益源になる。価格差を狙う運用は市場にあるわずかな差をこつこつ積み上げていくためリターンはそれほど高くない。ただ、取引の勝率が高いため安定感が高い（リスクが低い）のが特徴である。価格差を狙うもので、第二海援隊グループの投資助言を行なっている会社「日本インベストメント・リサーチ」で情報提供を行なっているファンドでは「ＫＡ」というものがある。この「ＫＡ」の情報を使って価格差狙いのファンドがどのようなものかを詳しく見てみよう。

債券と同じ安定感で魅力的な収益を期待するファンド「ＫＡ」

「ＫＡ」は、価格差を狙う運用戦略のファンドである。どのような価格差かと言えば、二つ以上の相場の関係性から割安、割高を見出す。これを英語では「レラティブバリュー・コリレーション戦略」（相関性を使った相対価値戦略）と呼ぶ。あとで詳しく解説するので、ここでは価格差狙いを行なっているファンド「ＫＡ」の数字をチェックしてみよう。

「ＫＡ」の二〇一六年一月の報告書から数字を確認すると、二〇一一年九月～二〇一六年一月の期間での年率リスクが四・一％となっている。この数字は、実は先進国の国債並みなのである。つまり「ＫＡ」の動きは、これまで格付けの高い債券と同じぐらい安定しているのである。それでいて、気になる年率リターンは一一・五％もあるのだ。

金利がない現在、債券の利回りは雀の涙ほどだ。日本の場合、長期金利がマイナス〇・一％だからお話にならない。米ドル建てであれば米国債になるわけだが、それでも一〇年もので一・八％程である。「ＫＡ」は、それと比べて六倍強のリターンがあったことになる。最近の利回りが少し低下していて、最近の一年ではリターンが七～九％ほどなので、仮に年率リターン八％で運用されると、五年で四七％の収益になる。一方の債券の一・八％の場合には、五年で一〇％にもならない。「ＫＡ」は数字から見ると、債券と同じぐらいの安定感がありながら、債券よりはるかに高い魅力的な収益を期待するファンドの作りになっているのである。

先ほど、株式投資をされている方で上手くいっていない方は「ＮＰ」へ乗換えた方が良いとしたが、債券も同じことである。金額にもよるが、仮に半信半疑な方も、今行なっている債券投資の半分を「ＫＡ」に入れ替え、株式投資の半分を「ＮＰ」に入れ替えると、将来期待できる収益がまったく異なって来る。

「NP」も「KA」も最低投資金額が二万五〇〇〇米ドル（約二八〇〇万円）以上だから、ハードルはそれ程高くない。あとで分散のシミュレーションもご紹介するので検討してみて欲しい。

これからのヘッジファンドはアジアに注目

次に「KA」の運用会社について触れておこう。「KA」の運用会社はオーストラリアのシドニーに本拠を構えている。二〇年以上金融に携わって来た人物が二〇〇八年に設立、その後運用を始めたわけだが、金融危機後の難しい市場環境の中で安定感重視の運用を見事に成功させているのである。

ヘッジファンドは、北米や欧州中心の印象があり、実際にそのような世界の構造になっているわけだが、現在、アジア圏という立場としてオーストラリアがヘッジファンドで注目されている。北米や欧州はヘッジファンドの運用プレイヤーが増え過ぎ、収益を稼ぎだすことが困難になっているのである。一方、オーストラリアやニュージーランドを含めたオセアニア・アジア圏は、これまであまり注目されず収益機会が残っている。その中でも、オーストラリアには先進国という優位性がある。インフラがしっかり整っていて、金融も盛んなのである。これからのヘッジファンド投資を考える上で、オセアニアとアジアは外せない地域であり、オーストラリアはますます注目されるであろう。

レラティブバリュー・コリレーションとは

「ＫＡ」の運用戦略である「レラティブバリュー・コリレーション戦略」についてもう少し説明しよう。ポイントはコリレーションである。コリレーションとは「相関性」を意味し、どれだけ関連性があるのかどうかということだ。日本の株と円高・円安は、少し相場をかじったことのある方なら誰もが関係性があると認めるだろう。このように関係性があることを相関があると言い、関係がなければ相関はないと言う。相関のある、なしをどれくらい関係性があるのかないのかによって数値化したものを相関係数と呼ぶ。「ＫＡ」は相関係数を使いながら二つ以上の相場を比較し、そこから見出した関係性によって割高、割安が生じていれば取引を行なう。相対価値から価格差を狙う「レラティブバリュー」という戦略なのだ。

「ＫＡ」が投資対象としている市場は、株式、債券、通貨の三つの市場でいずれも流動性が高く、いつでも取引を終了させて現金化できるようにしている。「ＫＡ」は、常に最大三日以内に取引を完了させるというかなり短期の運用のため、特に流動性を重視している。相関関係に注目しながら、市場の価格差を発見し、それを最大三日以内の短期の中で取引を行なう。しかも二四時間市場を監視しながら、というわけでとても人のできることではない。「ＫＡ」は、それをすべて全自動のコンピュータで行なう。取引の判断もあらかじめプログラムされた通りで、「ＫＡ」はシステム運用で行なっているのである。

「KA」チャート

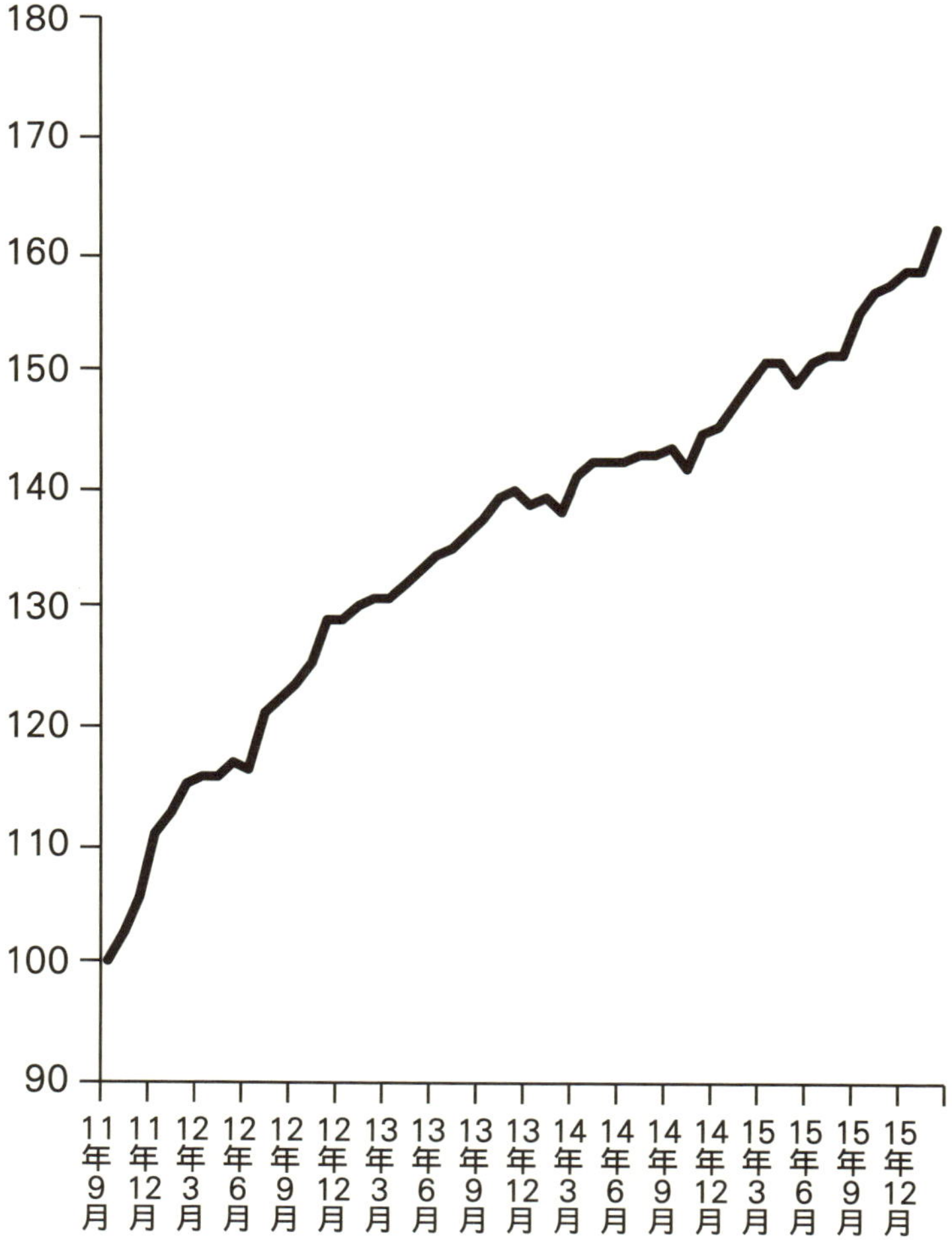
180
170
160
150
140
130
120
110
100
90
11年9月
11年12月
12年3月
12年6月
12年9月
12年12月
13年3月
13年6月
13年9月
13年12月
14年3月
14年6月
14年9月
14年12月
15年3月
15年6月
15年9月
15年12月

最先端の金融の世界、フィンテックを使って収益を得る

ここまでヘッジファンドの世界を解説してきたが、もう一つ面白い金融の世界を紹介しておこう。ヘッジファンドではないが、話題のフィンテック関連である。フィンテックとは、「ファイナンス」（金融）と「テクノロジー」（技術）を組み合わせて作られた造語である。主に、ＩＴ技術を駆使した特殊な金融のことを指す。銀行などの金融機関を使わずに事業者がネットを使って資金集めを行なうクラウドレンディング（ソーシャルレンディング）や特殊なバーチャルコミュニティで受け入れられた「ビットコイン」や「リップル」などの電子マネー（仮想通貨）、携帯電話のショートメッセージを使った送金サービス「エムペサ」などがまさにフィンテックにあたる。

では、フィンテックを使ってどのように収益を得るかといえば、ＩＴ革命にあったような中抜きの技術の有効活用が挙げられる。ＩＴ技術によって中抜き

の対象になったのが卸売業である。売り手と買い手を直接つなぐことで、問屋に払っていたコストを抜き、安い値段で良いものを取引したりした。フィンテックで中抜きするのは、たとえば銀行業である。資金の貸し手と借り手をより直接つなぐことで、これまでであれば銀行に落としていた手数料（銀行の収益）を払わずに、その分貸し手は利回りを高くし、借り手はローン金利を低く抑えることができる。

実際に、そのようなフィンテックを活用したファンドもある。第二海援隊グループの投資助言を行なっている会社「日本インベストメント・リサーチ」にて情報提供を行なっているファンドでは「ＡＴ」というものがある。この「ＡＴ」の情報を使って金融の最先端であるフィンテックを活用したファンドがどのようなものかを詳しく見てみよう。

銀行預金並みのリスクでリターン七%強の「AT」

「AT」は元々アフリカの地域でマイクロファイナンス（小口金融）を収益源とするファンドで、今はアフリカの地域以外のアメリカやオーストラリア、オランダでも同じことを行なっている。このマイクロファイナンスの仕組みが、まさにフィンテックそのものである。貸し手はITを駆使した与信調査を行ない、それ以外にも過去莫大なデータからどれくらいまで貸して問題ないかをはじき出す。借り手はスマホを活用して融資を受ける。銀行は介在せず、それでもきちんとした与信調査の結果、貸し倒れは少なく回収率は九割を超える。

資金がきちんと回収できれば収益が上がるため、「AT」は二〇〇九年八月～二〇一六年一月までの六年半で、なんとマイナスになった月は一度もない。その間、なだらかに上昇を続けているので年率リスクは驚きの〇・四%だ。銀行預金は銀行が破綻しなければ必ずすべて戻って来るというリスクゼロの金融商

「AT」チャート

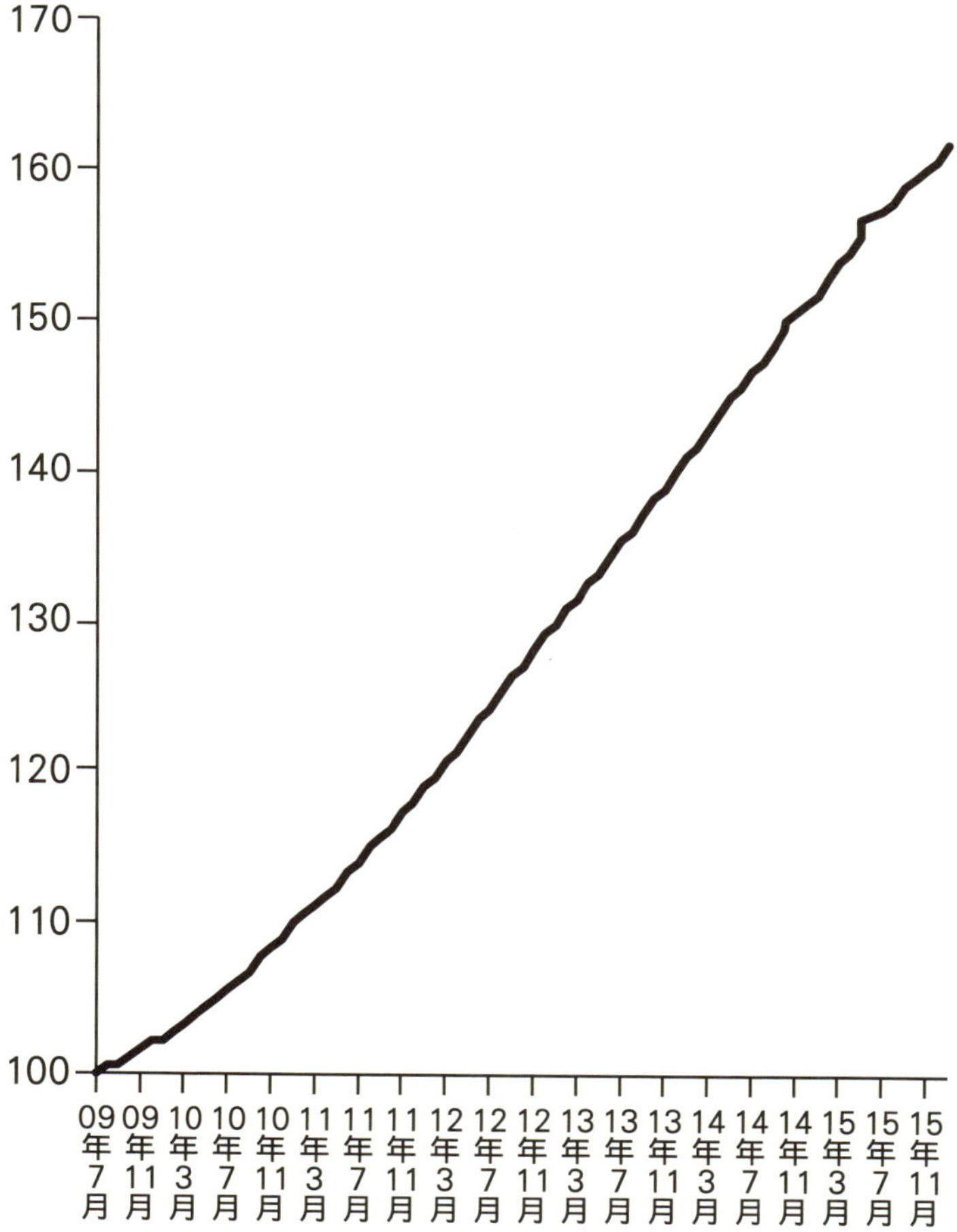
170
160
150
140
130
120
110
100
09年7月
09年11月
10年3月
10年7月
10年11月
11年3月
11年7月
11年11月
12年3月
12年7月
12年11月
13年3月
13年7月
13年11月
14年3月
14年7月
14年11月
15年3月
15年7月
15年11月

品だが、それとほぼ同じリスクの数字なのである。それでいて、年率リターンは七・七％もある。仮に年率リターン七％で運用されると、五年で四〇％の収益になる。一方、銀行預金は米ドル建てでも金利はほぼゼロだから、比べるまでもないだろう。

アフリカでは当たり前のフィンテック、日本には根付かず？

アフリカでこのようなマイクロファイナンスが根付いたのにはわけがある。それは銀行システムが完備されていなかったからだ。誰もが銀行から十分な融資を受けることができていたなら、「ＡＴ」は存在していたかどうかが怪しい。ケニアの「エムペサ」というモバイル送金システムも同じである。必要に迫られていたものの解決策として、フィンテックが爆発的に浸透しているのである。

対して日本はフィンテックに対して出遅れており、ガラパゴス化するのではないかという危惧もある。日本は銀行やカードなどの仕組みが便利過ぎるため、フィンテックという金融の最先端を取り込んで進化する必要に迫られることが実はほとんどないからだ。

自分年金を作るための分散

ところで、自分年金を作るために心がけるべきは、分散である。先にご案内している「ＮＰ」「ＫＡ」「ＡＴ」は、それぞれが運用対象を分散しているが、それでも相場の格言通り「卵は一つの籠に盛るな」である。「ＮＰ」「ＫＡ」「ＡＴ」は最低投資金額がすべて二万五〇〇〇米ドル（約二八〇万円）だから、九〇〇万円以上を投資に充てる場合には三つに分散することができる。

三つに分散した効果を見るため、「ＫＡ」の二〇一一年九月～二〇一六年一月に合わせて「ＮＰ」や「ＡＴ」に三分の一ずつ投資を行なうと、年率リターン一四・〇％で年率リスク五・〇％と驚くような運用ができたことになる。先進国の債券並みの安定感で、リターンは二ケタ以上になったのである。そしてチャートを見ていただくとわかる通り、債券並みの安定感だと、これだけなだらかなチャートになるのである。これを自分年金作りに活用できる有効な手段ではないか。

三つの分散で将来のシミュレーションを行なう際、年率リスクは変わらず五・〇％で見積もって構わない。繰り返すが、これは先進国の債券のリスクと何ら変わらない。そしてリターンはそれぞれの目標リターンと実績を考慮し、「NP」を一五％、「KA」を八％、「AT」を七％と見積もると、一年後に期待できるリターンはちょうど一〇％になる。すると五年後は一・六倍（プラス六〇％）に、一〇年後は二・六倍（プラス一六〇％）になる計算だ。そして、これは米ドルをベースとしたシミュレーションである。為替がまったく五年後、一〇年後と変わらなかったとすると、九〇〇万円で投資を行なったものが五年後一四四〇万円に、一〇年後には二三四〇万円となる。

また、将来の年金が崩壊しているような日本を想定すると、当然その時の為替も崩壊していることが容易に考えられる。仮に、二倍の円安になっていれば

「NP」「KA」「AT」の3つに分散した結果

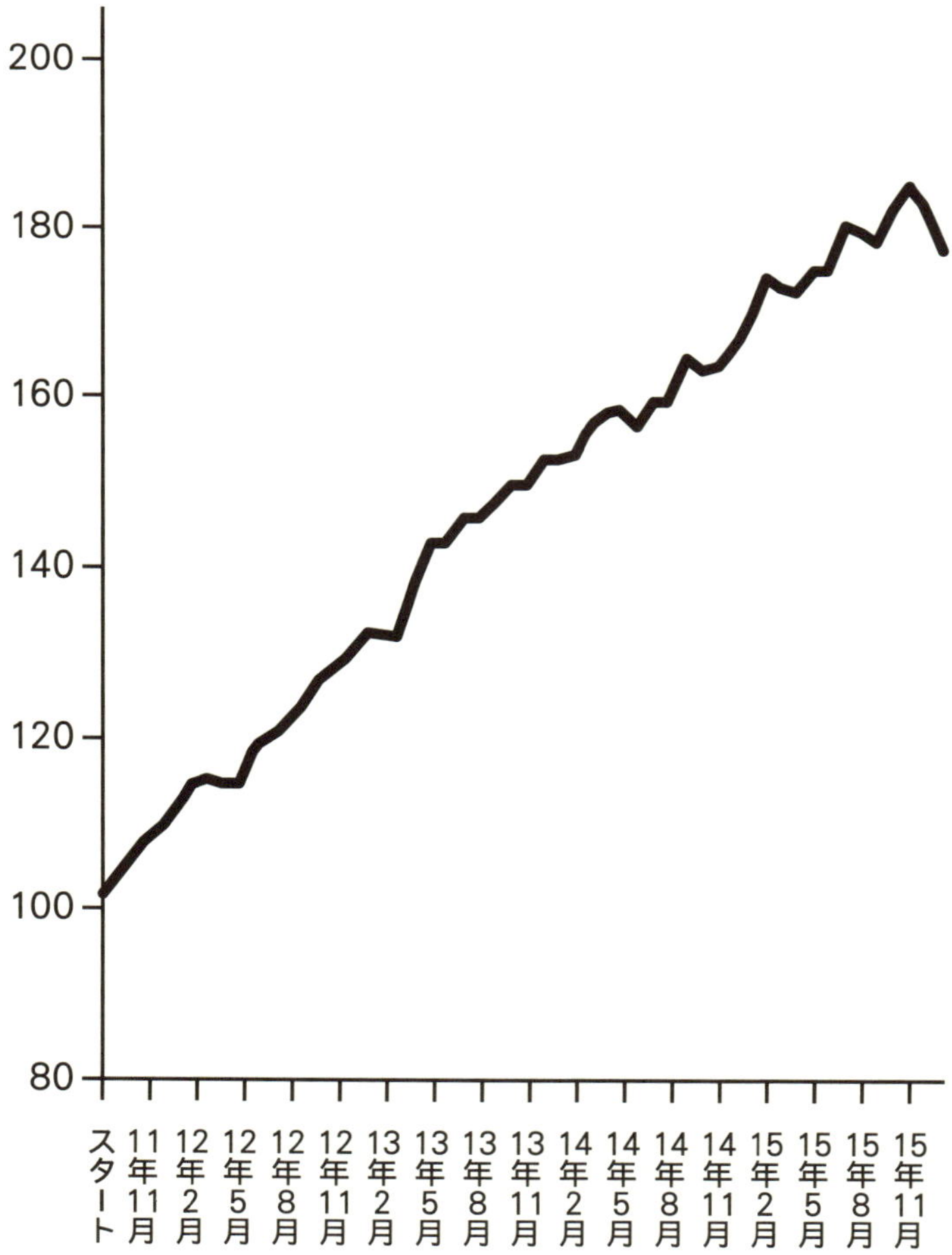

五年後は二八八〇万円というわけである。一〇年後は四六八〇万円だ。為替が三倍になっていた場合、五年後四三二〇万円、一〇年後は七〇二〇万円という計算になる。もっとひどい円安になっていても不思議はない。いずれにしても、「NP」「KA」「AT」の三つのファンドを活用すれば、自分年金作りに十分な結果が期待できるというわけだ。

一例として三つのファンドへ分散する例を挙げたが、極めて安定感重視の方には「KA」と「AT」だけの組み方もある。他にも「NP」と「KA」や「NP」と「AT」という組み方もある。三つ組み入れる場合には等分がおすすめだが、考え方によっては比率を変えても構わない。ご自身でいろいろとシミュレーションをしてみて欲しい。

ここまで述べたように、数百万円～一〇〇〇万円の資金を使って自分年金作りをしようという方には、三つの分散で十分であろう。金額が多少増えても問題はない。

一方で、もっといろいろなヘッジファンドに分散したいという上級者または富裕層の方には、より多くのヘッジファンドに分散するという選択肢ももちろん考えられる。「自分年金クラブ」ではなく、その上の「ロイヤル資産クラブ」やさらに上の「プラチナクラブ」では数多くの魅力的なヘッジファンドの情報を提供している。その情報の一部をファンドと特徴だけ列挙しておこう。

「NP」の投資効率を高めたファンド「S・NP」

先に述べた通り、ヘッジファンドには、レバレッジという考え方がある。ヘッジファンドの運用会社が最初に考えるのは、いかに安定的に運用できるかということである。リスクをどこまで低くできるかということである。その上で、どれくらいの収益が期待できるかを考える。それで仮に年率リスク一％で、年率リターン三％の運用を思い付けば、それは金の卵を発見したことになる。ここでレバレッジが登場する。年率リターン三％のままだと魅力が少ないので、五倍のレバレッジを掛けてみると、年率リターンは三％×五倍レバレッジの一五％期待できるようになり魅力的になる。その分リスクも五倍になるが、元々年率リスク一％だから×五倍でも年率リスク五％と大した数字ではない。先ほどの年率リスク一％の場合であれば、一五倍のレバレッジをかけたとしても年率リスク一五％で通常の株式投資と同じ安定感である。その上で、期待できるリターンは三％×一五倍レバレッジで年率リターン四五％である。

レバレッジの説明を行なうために少し極端な例を出しているが、通常は年率リスクを一％に抑えることは困難であり、また一五倍もレバレッジを掛けることはまずない。年率リスク五％〜一五％ぐらいの安定感の高い運用に、多少の一・五倍のレバレッジや二倍のレバレッジを掛けて、より収益を狙う積極型にするというのがほとんどだ。

「S・NP」というファンドはまさにそのように作られている。すでに説明済みの「NP」に一・五倍のレバレッジを掛けたのがこのファンドなのである。「NP」は年率リスク一二％で、今後期待する年率リターンが一五％だったから、それぞれ一・五倍すると、年率リスク一八％で、期待する年率リターン二三％

自分年金作りのための分散シミュレーション

		為替は動かず	2倍の円安	3倍の円安
1年後	期待リターン	10%	120%	230%
	期待運用額	990万円	1980万円	2970万円
5年後	期待リターン	60%	220%	380%
	期待運用額	1440万円	2880万円	4320万円
10年後	期待リターン	160%	420%	680%
	期待運用額	2340万円	4680万円	7020万円

という、リターンを積極的に狙う「S・NP」が誕生するのである。

株式投資の法則性を使うファンド「PU」

株式投資に対して独自のアプローチを掛けるファンドもある。「PU」というファンドがそうだ。このファンドは、株式市場の「アノマリー」を使って独特の運用をする。「アノマリー」とは法則性のことだ。有名な「アノマリー」では、低PBR投資や小型株投資などが挙げられる。「低PBRは割安なので、一般の株式よりも上げやすい」や「小型株は大型株に比べて上昇しやすい」などの市場で信じられている通説である。根拠が明確にあるわけではないが、市場に存在しそうな法則性、これが「アノマリー」である。

ただ、一般に知られている「アノマリー」では独自の収益を得ることは難しい。そこで「PU」はこれまで知られていない「アノマリー」を見つけ出し、運用に活用している。「PU」は、二〇一六年一月の報告書を確認すると二〇〇八年一月からの期間で年率リターン二一・四％、年率リスク一四・五％になっている。

アジア専門のヘッジファンド「ＨＣ」「ＢＢ」

これまであまりヘッジファンドが活躍して来なかったアジア市場に特化したファンドもある。「ＨＣ」と「ＢＢ」である。二つのファンドは地域がアジアと同じだが、投資対象ややり方がまったく異なるため特徴がまったく異なる。

「ＨＣ」は、アジア通貨でＦＸを行なうファンドだ。個人で仕事の片手間にＦＸをされている方がいるかもしれないが、それをこのファンドは専門にしている。「ＨＣ」はとにかく上下が激しい。二〇一六年一月の報告書で確認すると、直近の二〇一六年一月はマイナス二四・六％と大きく下落している。前年二〇一五年の一月〜四月の動きも激しい。一月三〇・八％の暴騰、二月はマイナス一・九％とあまり動いていないが、三月は一八・一％と再び上昇、四月は一転マイナス二六・七％の大幅下落だった。このように上下が激しいと、投資家はジェットコースターに乗っているようだ。年率リスクは三六・三％もある。年率リターンは二二・四％とリスクに比べるとやや見劣りするが、直近の一月に約四分の一の下落を経験した上でこの数字だから、やはり積極的にリターンを狙うファンドである。

もう一つの「ＢＢ」もアジアを投資対象としているが、こちらは先ほどとは打って変わってかなりの安定感重視である。二〇一六年一月の報告書では、二〇一一年一月からの運用で年率リスク六・七％と極めて安定感が高い。それでいて、年率リターンは一六・八％もある。「ＢＢ」はマネージド・フューチャーズ戦略＋オプション戦略を行なっている。ヘッジファンドでは珍しくない運用方法ではあるが、ヘッジファンド業界のブルーオーシャン（競合他社が少ない市場）であるアジア市場で行なうために、このような良好な結果を得ているとも考えられる。

株式マーケット・ニュートラル戦略の「ＤＮ」「ＥＥ」

最後に見るのは「株式マーケット・ニュートラル戦略」の「ＤＮ」と「ＥＥ」だ。「株式マーケット・ニュートラル戦略」は、上昇しそうな株式の「買い」を行なうのと同時に下落しそうな株式の「売り」を行なう。「買い」と「売り」がちょうど同じぐらいで釣り合うように行なうことから、「マーケット・ニュートラル」（市場中立）と付けられている。価格差狙いの運用方法である。

「ＤＮ」は、もともとオーストラリアに本拠を構えるファンド会社のため、投資対象は主にオセアニアの個別銘柄で、「買い」と「売り」と両方を同時に行ない、その動きは一般的な株式投資よりも安定的になっている。「ＤＮ」の二〇一六年一月の報告書では、二〇〇五年九月からの運用で年率リスクは一一・四％となり、年率リターンは一五・二％と魅力的な数字になっている。

「ＥＥ」も同じく「株式マーケット・ニュートラル戦略」であるが、「ＤＮ」

「S・NP」チャート

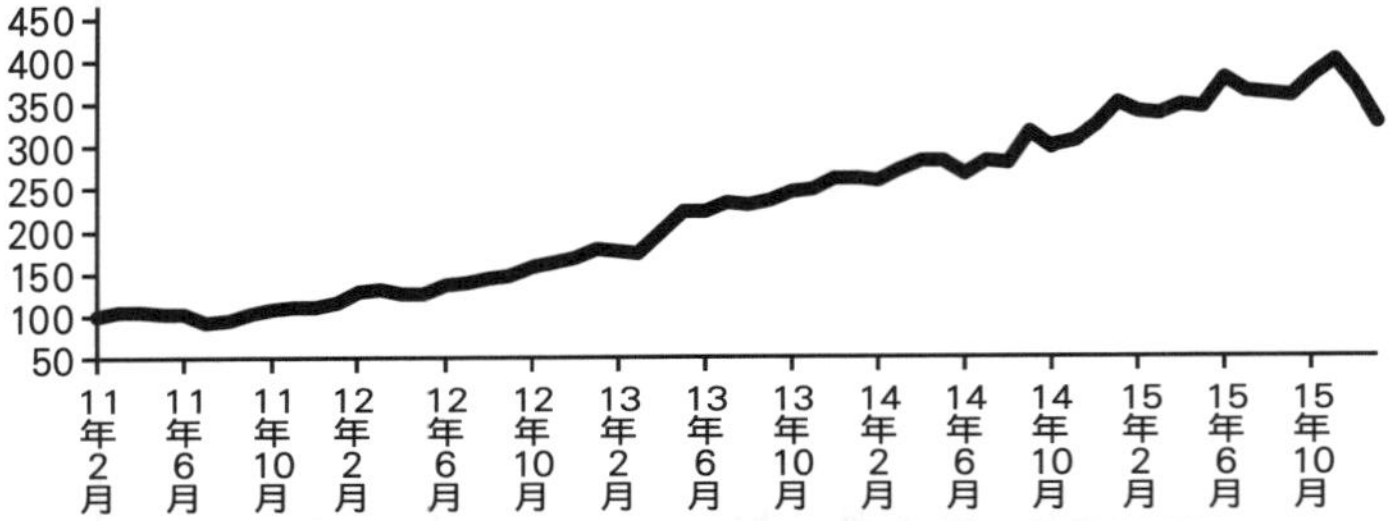

「PU」チャート

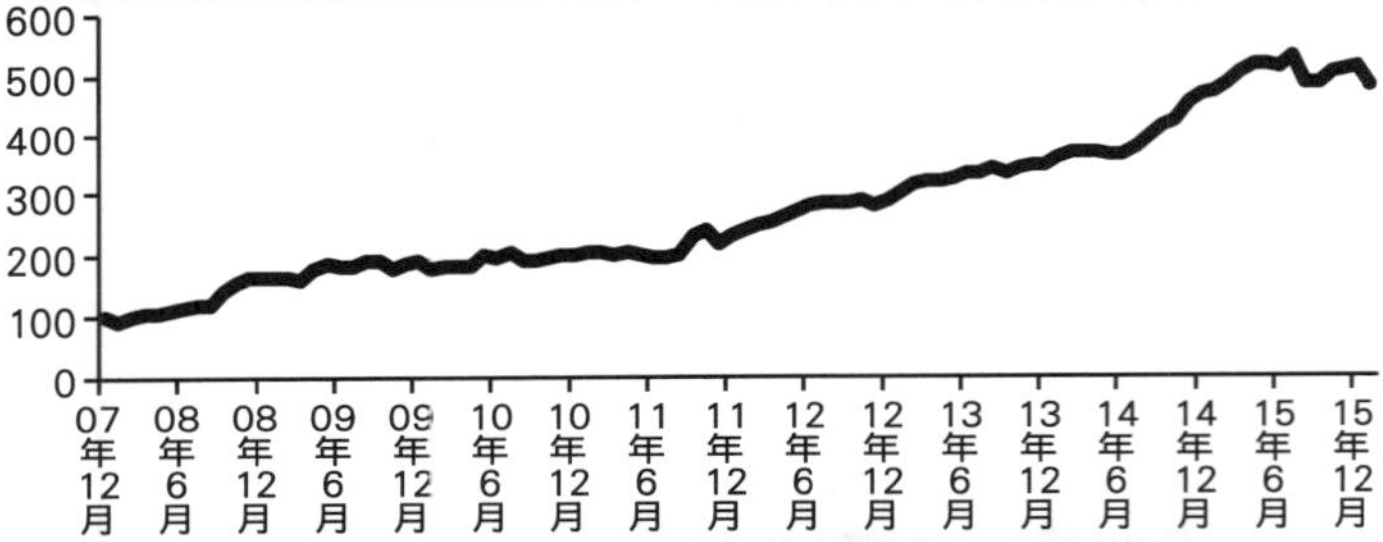

「HC」チャート

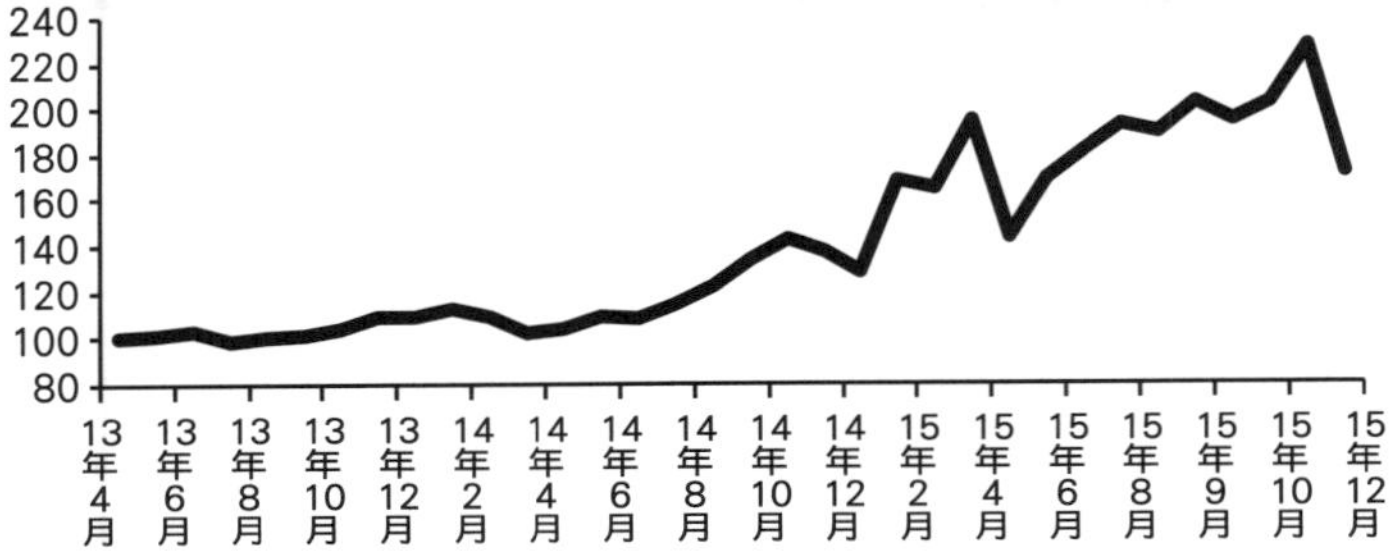

「BB」チャート

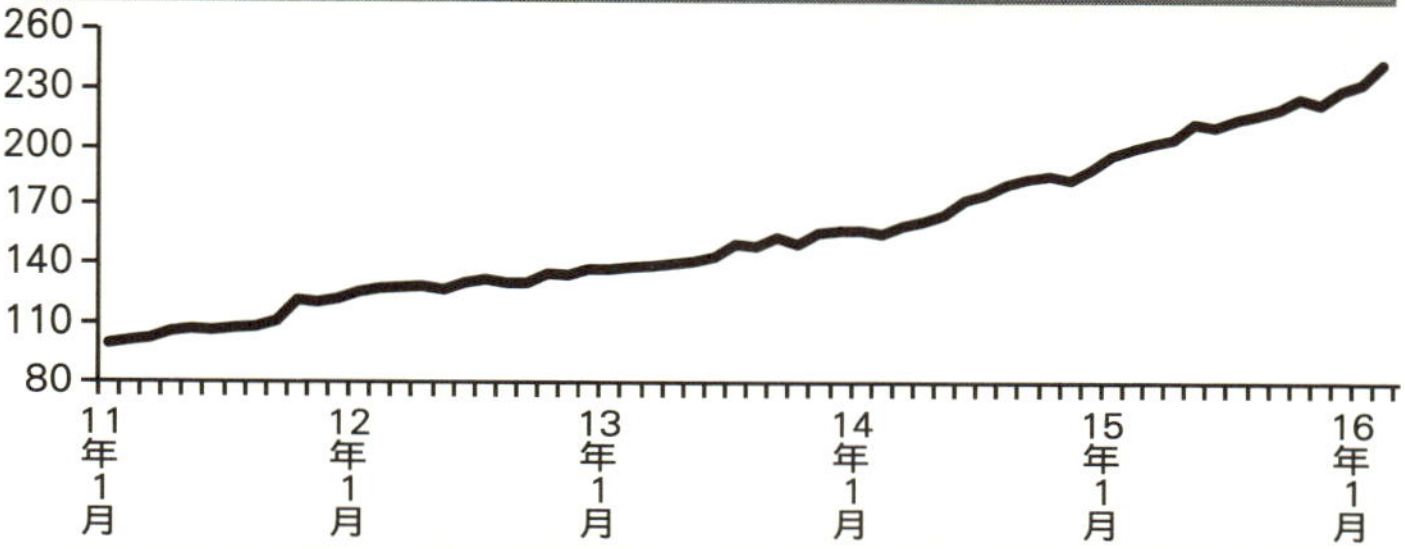

「DN」チャート

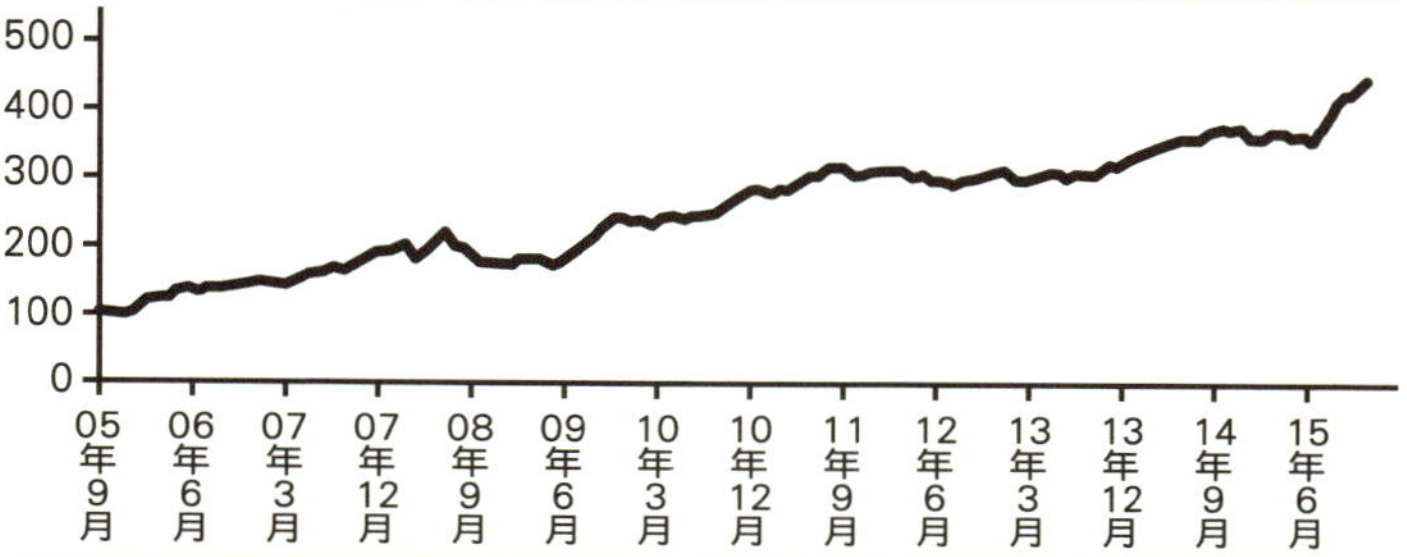

「EE」チャート

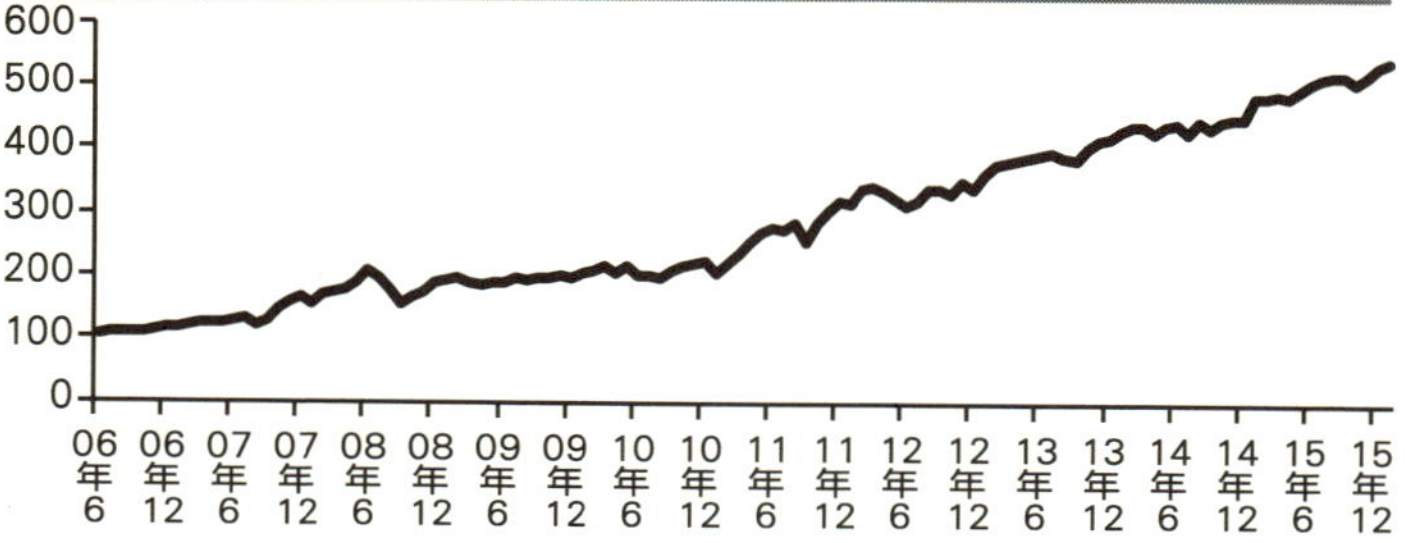

と投資対象としている地域がかなり異なる。「EE」は北米や欧州、アジア、アフリカ、ブラジルと世界中の株式市場を対象としている。「EE」の二〇一六年一月の報告書では二〇〇六年六月からの運用で年率リスク一五・五％と、一般的な株式投資と同じぐらいのブレ幅になっている。ただ、同じ期間での年率リターンが一九・〇％だから、やはり魅力的な投資先である。「DN」も「EE」も運用会社の運用額はどちらも一〇〇〇億円を超えているから大規模で、会社の信頼性もある。

さあ、自分年金を作ろう！

二八六～二八七ページに「S・NP」「PU」「HC」「BB」「DN」「EE」のチャートを並べているので、見て欲しい。タイプがそれぞれ分かれているのがわかるだろう。最初の「NP」「KA」「AT」を含めると、九つも異なった種類があるので、好みによって分散パターンがいくつも考えられる。じっくりチャートを眺め、説明を読み返しながらご自身にあった分散シミュレーションを立ててみて欲しい。

ただ、あくまで「S・NP」「PU」「HC」「BB」「DN」「EE」は上級者、または富裕層向けのヘッジファンド投資術である。初心者、または一般の方が自分年金を作るのであれば、「NP」「KA」「AT」に絞って研究することで十分である。

マイナス金利になろうが、世界にはまだまだ運用先があるのだ。さあ、発想の転換である。沈みゆく日本国に頼るのはやめて、自分年金作りを始めよう。

※なお、さらに詳しくヘッジファンドの全貌を知りたい方は、拙著「驚くべきヘッジファンドの世界」（第二海援隊刊）をお読みいただきたい。素人でもヘッジファンドの世界をのぞける日本で唯一の本だ。お申し込みはお近くの書店、または第二海援隊　出版部（電話　〇三―三二九一―一八二一）まで。

エピローグ

自らの力でたくましく生きていく

私たちにはあまり実感がないが、日本は現在人類史上最速のスピードで高齢化している。日々、目の前で何かとんでもない出来事が起きているわけではないので、一般の人々はその怖さが体感できないが、かつて歴史上、どの国家も経験したことのない未曾有の事態がこの国で起こっていると言ってよい。

その重大な変化は、やがて老後を支える社会システムを巨大津波のように一挙に押し流し、二〇二五年のこの国の風景を一変させていることだろう。

その時、私たちはどんな世界に生きているのか。あまり想像もしたくないが、本書で見て来た通り、悲惨な老人難民の大量発生であり、年金の消滅であり、医療・介護の崩壊である。

しかもコトがこの程度の中身ですめば良い。国家破産が発生した場合には、ハイパーインフレ、大増税、徳政令が押し寄せて来て、全国民の生活が火ダルマとなって、誰も老人を大切にするなどという精神をもたなくなるだろう。
よって、これから五〇歳以上の人間には、政府にも、年金にも、人の親切にも頼ることなく、自らの力で老後資金を守り抜いてたくましく生きていくことが求められる。本書はそのための参考書であり、警告書でもあり、指南書でもある。

この内容を何回も熟読されて、早く万全の手を打たれることを強くおすすめする。老後消滅は単なるストーリーでも予測でもなく、必ずやって来るこの国の未来の姿だからである。

二〇一六年三月吉日

浅井　隆

浅井隆からの重要なお知らせ

——老後、国家破産を生き残るための具体的ノウハウ

二〇一六年七月一六日（土）開催「老後安心セミナー」

他人には言えない、場合によっては家族・配偶者にも言えない、大小さまざまな相談事にお答えする組織……。そんな組織が必要とされてきています。日常から冠婚葬祭の雑多な手続きの流れ、各種専門機関情報、ご家族に関する深いお悩みなど、核家族化や親族関係の希薄化が著しい今日、皆様のお悩みをフルサポートできるような組織を構想しています。

当日の質疑応答にて、忌憚のないご意見やご要望をお聞かせください。皆様のご参加をお待ち申し上げております。

詳しいお問い合わせは、㈱第二海援隊
TEL：〇三（三二九一）六一〇六
FAX：〇三（三二九一）六九〇〇

厳しい時代を賢く生き残るために必要な情報収集手段

国家破産へのタイムリミットが刻一刻と迫りつつある中、生き残りのためには二つの情報収集が欠かせません。一つは「国内外の経済情勢」に関する情報収集、もう一つは「海外ファンド」に関する情報収集です。これについては新聞やテレビなどのメディアやインターネットでの情報収集だけでは絶対に不十分です。

私はかつて新聞社に勤務し、以前はテレビに出演をしたこともありますが、その経験からいえることは「新聞は参考情報。テレビはあくまでショー（エンターテインメント）」だということです。インターネットも含め誰もが簡単に入手できる情報で、これからの激動の時代を生き残っていくことはできません。

皆様にとってもっとも大切なこの二つの情報収集には、第二海援隊グループ（代表　浅井隆）で提供する「会員制の特殊な情報と具体的なノウハウ」をぜひご活用ください。

情報収集の入口「経済トレンドレポート」

まず最初にお勧めしたいのが、浅井隆が取材した特殊な情報をいち早くお届けする「経済トレンドレポート」です。浅井および浅井の人脈による特別経済レポートを年三三回（一〇日に一回）格安料金でお届けします。経済に関する情報提供を目的とした読みやすいレポートです。

新聞やインターネットではなかなか入手できない経済のトレンドに関する様々な情報をあなたのお手元へ。さらに国家破産に関する『特別緊急情報』も流しております。「国家破産対策をしなければならないことは理解したが、何から手を付ければ良いかわからない」という方は、まずこのレポートをご購読下さい。

具体的に〝自分年金作り〟をお考えの方に

そして何よりもここでお勧めしたいのが、第二海援隊グループ傘下で独立系の投資助言・代理業を行なっている「株式会社日本インベストメント・リサーチ」（関東財務局長（金商）第九二六号）です。この会社で三つの魅力的な会員制クラブを運営しております。私どもは、かねてから日本の国家破産対策のもっとも有効な対策として海外のヘッジファンドに目を向けてきました。そして、この二〇年に亘り世界中を飛び回りすでにファンドなどの調査に莫大なコストをかけて、しっかり精査を重ね魅力的な投資・運用情報だけを会員の皆様限定でお伝えしています。これは、一個人が同じことをしようと思っても無理な話です。また、そこまで行なっている投資助言会社も他にはないでしょう。

投資助言会社も、当然玉石混淆であり、特に近年は少なからぬ悪質な会社に対して、当局の検査の結果、業務停止などの厳しい処分が下されています。しかし「日本インベストメント・リサーチ」は、すでに二度当局による定期検査を受けていますが、行政処分どころか大きな問題点はまったく指摘されませんでした。これも誠実な努力に加え、厳しい法令順守姿勢を貫いていることの結果であると自負しております。

私どもがそこまで行なうのには理由があります。私は日本の将来「老後不安」や「国家破産」を憂い、会員の皆様にその生き残り策を伝授したいと願っているからです。その生き残り策がきちんとしたものでなければ、会員様が路頭に迷うことになります。ですから、投資案件などを調査する時に一切妥協はしません。その結果、私どもの「ロイヤル資産クラブ」には多数の会員の方々が入会して下さり、「自分年金クラブ」と合わせると数千名の顧客数を誇り、今では会員数がアジア最大といわれています。

このような会員制組織ですから、それなりに対価をいただきます。ただそれで、私どもが十数年間、莫大なコストと時間をかけて培ってきたノウハウを得られるのですから、その費用は決して高くないという自負を持っております。まだクラブにご入会いただいていない皆様には、ぜひご入会いただき、本当に価値のある情報を入手して国家破産時代を生き残っていただきたいと思います。そして、この不透明な現在の市場環境の中でも皆様の資産をきちんと殖やしていただきたいと考えております。

まさに自分年金をつくるための「自分年金クラブ」

まずご検討いただきたいのが「自分年金クラブ」です。本文中でヘッジファンドの代表例に挙げた「NP」「KA」「AT」の三つはすべてこの「自分年金クラブ」で情報提供を行なっています。

「自分年金クラブ」は将来の年金作りのために二〇〇一年に発足したクラブで、ある程度の安定感が期待でき、小口で投資ができる魅力的な投資案件を情報提供するクラブです。ある程度の安定感とは、先進国の株式指数の動きと同じぐらいか、それよりも安定しているものという意味です。また、小口とは最低投資金額が三万ドル（三四〇〇万円程）以内のものというのが目安です。また、国家破産時代の資産防衛に関する基本的なご質問にもお答えしております。様々な情報を入手しながら老後の自衛に向けて、まさに自分年金を作るためのクラブなのです。

「自分年金クラブ」の目安としましては、金融資産一〇〇〇万円ぐらいまでの方を対象にしています。もちろんそれ以上保有されている方が、年金作りに的を絞ってご入会されるという判断はありますが、それなりの資産をお持ちの方はより情報の多い「ロイヤル資産クラブ」がお勧めです。

詳しいお問い合わせ先は「自分年金クラブ」

TEL：〇三（三二九一）六九一六

FAX：〇三（三二九一）六九九一

一〇〇〇万円以上を海外投資へ振り向ける資産家の方向け「ロイヤル資産クラブ」

「ロイヤル資産クラブ」のメインのサービスは、「自分年金クラブ」と同じく、数々のトップレベルのファンドの情報提供です。「自分年金クラブ」で情報提供を行なっているすべてのファンドは「ロイヤル資産クラブ」でも情報提供を行なっております。そして、それ以外に、安定感をあまり考慮せずに積極的にリターンを狙うことを目的に作られたファンドや最低投資金額が五万ドル（五七〇万円程）や一〇万ドル（一一三〇万円程）と大口投資になるものなど幅広く情報提供を行なっております。海外では日本の常識では考えられないほど魅力的な投資案件があります。「ロイヤル資産クラブ」では、その魅力的な投資案件の情報を十分に受け取って頂くことができます。

また、ファンドの情報提供以外のサービスとしては、現在保有中の投資信託の評価と分析、銀行や金融機関とのお付き合いの仕方のアドバイス、為替手数料やサービスが充実している金融機関についてのご相談、住宅ローンや生命保険の見直し・分析、不動産のご相談など、多岐に亘っております。金融についてありとあらゆる相談が「ロイヤル資産クラブ」ですべて受けられる体制になっています。

詳しいお問い合わせ先は「ロイヤル資産クラブ」

TEL：〇三（三三一九一）七二九一
FAX：〇三（三三一九一）七二九二

投資助言を行なうクラブの最高峰「プラチナクラブ」

会員制組織のご紹介の最後に「プラチナクラブ」についても触れておきます。メインのサービスは、「ロイヤル資産クラブ」と同じで、数々の世界トップレベルのファンドの情報提供です。ただ、このクラブは第二海援隊グループが行なう投資・助言業の中で最高峰の組織で、五〇〇〇万円以上での投資をお考えの方向けのクラブです（五〇〇〇万円以上は目安で、なるべくでしたら一億円以上が望ましいです。なお、金融資産の額をヒヤリングし、投資できる金額が二〇一三〇万米ドル（二四〇〇一三六〇〇万円）までの方は、原則プラチナクラブへの入会はお断りいたします）。

ここでは、ロイヤル資産クラブでも情報提供しない特別で希少な世界トップレベルのヘッジファンドを情報提供いたします。皆様と一緒に「大資産家」への道を追求するクラブで、具体的な目標としまして、「一〇年で資金を四―六倍（米ドル建て）」「二倍円安になれば八―一二倍」を掲げています。当初八〇名限定でスタートし、お申し込みが殺到したことでいったん枠がいっぱいになっていましたが、最近二〇名の追加募集をしております。ご検討の方はお早目のお問い合わせをお願いいたします。

詳しいお問い合わせ先は「㈱日本インベストメント・リサーチ」

TEL：〇三（三二九一）七二九一

FAX：〇三（三二九一）七二九二

海外移住をご検討の方に

さらに、財産の保全先、移住先またはロングステイの滞在先として浅井隆がもっとも注目する国――ニュージーランド。そのニュージーランドを浅井隆と共に訪問する、「浅井隆と行くニュージーランド視察ツアー」を二〇一六年一一月に開催いたします（その後も毎年一回の開催を予定しております）。ツアーでは、浅井隆の経済最新情報レクチャーがございます。

また、資産運用を行なう上でぜひお勧めしたいのが金融立国シンガポール。このシンガポールを視察する「シンガポール金融視察ツアー」も二〇一六年一〇月に第二海援隊グループの投資助言会社「日本インベストメント・リサーチ」の企画で開催いたします（その後も毎年一、二回の開催を予定しております）。海外の金融事情やファンドについてたっぷりレクチャーが聞けるのがこのツアーの最大のメリットです。

各ツアーに関する詳しいお問い合わせ先は「㈱日本インベストメント・リサーチ」

TEL：〇三（三二九一）七二九一

FAX：〇三（三二九一）七二九二

浅井隆のナマの声が聞ける講演会

著者・浅井隆の講演会を開催いたしますので、二〇一六年上半期の予定を記載します。大阪・四月二八日（木）、名古屋・四月二九日（金）、広島・五月二〇日（金）、東京・五月二八日（土）、札幌・六月三日（金）を予定しております。国家破産の全貌をお伝えすると共に、生き残るための具体的な対策を詳しく、わかりやすく解説いたします。

いずれも、活字では伝わることのない肉声による貴重な情報にご期待下さい。

来たる大恐慌への対策に特化した「大恐慌生き残り講座」

最近書籍その他で私が述べているように、国家破産に先んじて世界恐慌が二〇一七〜八年にやってきそうです。中国をはじめ、新興国や欧州のさしせまった状況をみれば、その可能性は極めて高いと言わざるを得ません。ジョージ・ソロスもリーマン・ショックを超える大変な危機を予言しています。国家破産の前に恐慌に備えなければなりません。そこで、大恐慌への対策に特化した特別な講座を三回に分けて開催します。

「大恐慌生き残り講座」は二〇一六年（全三回、受講料実費）、第一回・八月二日（火）、第二回・十月五日（水）、第三回・十二月二二日（木）を予定しております。この講座では今までの発刊書籍や恐慌対策ノウハウを集約し、最新情報を随時更新してご提供いたします。

「大恐慌生き残り講座」は第二海援隊グループの経済トレンドレポート購読会員限定の講座です。ぜひ、経済トレンドレポートの購読ができるいずれかのクラブにご入会の上、ご参加ください。詳しいお問い合わせ先は、㈱第二海援隊

TEL：〇三（三二九一）六一〇六

FAX：〇三（三二九一）六九〇〇

第二海援隊ホームページ

また、第二海援隊では様々な情報をインターネット上でも提供しております。詳しくは「第二海援隊ホームページ」をご覧下さい。私ども第二海援隊グループは、皆様の大切な財産を経済変動や国家破産から守り殖やすためのあらゆる情報提供とお手伝いを全力で行なっていきます。

改訂版!! 別冊秘伝

必読です

浅井隆が世界をまたにかけて収集した、世界トップレベルの運用ノウハウ（特に「海外ファンド」に関する情報満載）を凝縮した小冊子を作りました。実務レベルで基礎の基礎から解説しておりますので、本気で国家破産から資産を守りたいとお考えの方は必読です。ご興味のある方は以下の二ついずれかの方法でお申し込み下さい。

①現金書留にて一〇〇〇円（送料税込）と、お名前・ご住所・電話番号および「別冊秘伝」希望と明記の上、弊社までお送り下さい。

②一〇〇〇円分の切手と、お名前・ご住所・電話番号および「別冊秘伝」希望と明記の上、弊社までお送り下さい。

郵送先　〒一〇一—〇〇六二　東京都千代田区神田駿河台二—五—一
住友不動産御茶ノ水ファーストビル八階

株式会社第二海援隊「別冊秘伝」係
TEL：〇三（三二九一）六一〇六
FAX：〇三（三二九一）六九〇〇
＊以上、すべてのお問い合わせ、お申し込み先・㈱第二海援隊
TEL：〇三（三二九一）六一〇六
FAX：〇三（三二九一）六九〇〇
Eメール　info@dainikaientai.co.jp
ホームページ　http://www.dainikaientai.co.jp

〈参考文献〉

【新聞・通信社】

『日本経済新聞』『産経新聞』『東京新聞』『朝日新聞』
『ブルームバーグ』『ロイター通信』『ニューズウィーク』

【書籍】

『ルポ 老人地獄』（朝日新聞経済部　文春新書）
『老人たちの裏社会』（新郷由起　宝島社）
『老後破産』（ＮＨＫスペシャル取材班　新潮社）
『老人漂流社会』（ＮＨＫスペシャル取材班　主婦と生活社）
『2040年問題』（野口悠紀雄　ダイヤモンド社）
『金融緩和で日本は破綻する』（野口悠紀雄　ダイヤモンド社）
『生きかた上手』（日野原重明　ユーリーグ）
『いのちを育む』（日野原重明　中央法規出版）
『無Ⅲ　自然農法』（福岡正信　春秋社）

【拙著】

『2010年の衝撃』（第二海援隊）
『すさまじい時代〈上〉』（第二海援隊）
『世界恐慌前夜』（第二海援隊）

【その他】

『週刊ダイヤモンド』『選択』『週刊東洋経済』『週刊 AERA』
『週刊現代』『週刊朝日』『週刊ポスト』『ＤＩＭＥ』
『現代ビジネス』『ロイヤル資産クラブレポート』

【ホームページ】

フリー百科事典『ウィキペディア』
『内閣府』『厚生労働省』『財務省』『総務省統計局』『国税庁』
『日本年金機構』『年金積立金管理運用独立行政法人』
『日本銀行』『スイス国立銀行』『スウェーデン国立銀行』
『欧州中央銀行』『みずほ総合研究所』『読売オンライン』
『ジャパン・ビジネスプレス』『日経ビジネスオンライン』
『ダイヤモンド・オンライン』『プレジデントオンライン』
『JCAST ニュース』『週刊メディ・ウォッチ』
『中央日報』『ハフィントンポスト』『帝国データバンク』
『ビジネスジャーナル』『マイナビニュース』

〈著者略歴〉

浅井　隆　（あさい　たかし）

経済ジャーナリスト。1954年東京都生まれ。学生時代から経済・社会問題に強い関心を持ち、早稲田大学政治経済学部在学中に環境問題研究会などを主宰。一方で学習塾の経営を手がけ学生ビジネスとして成功を収めるが、思うところあり、一転、海外放浪の旅に出る。帰国後、同校を中退し毎日新聞社に入社。写真記者として世界を股に掛ける過酷な勤務をこなす傍ら、経済の猛勉強に励みつつ独自の取材、執筆活動を展開する。現代日本の問題点、矛盾点に鋭いメスを入れる斬新な切り口は多数の月刊誌などで高い評価を受け、特に1990年東京株式市場暴落のナゾに迫る取材では一大センセーションを巻き起こす。
その後、バブル崩壊後の超円高や平成不況の長期化、金融機関の破綻など数々の経済予測を的中させてベストセラーを多発し、1994年に独立。1996年、従来にないまったく新しい形態の21世紀型情報商社「第二海援隊」を設立し、以後約20年、その経営に携わる一方、精力的に執筆・講演活動を続ける。2005年7月、日本を改革・再生するための日本初の会社である「再生日本21」を立ち上げた。主な著書：『大不況サバイバル読本』『日本発、世界大恐慌！』（徳間書店）『95年の衝撃』（総合法令出版）『勝ち組の経済学』（小学館文庫）『次にくる波』『2014年日本国破産〈警告編〉〈対策編①②③〉〈海外編〉〈衝撃編〉』『Human Destiny』（『９・11と金融危機はなぜ起きたか!?〈上〉〈下〉』英訳）『あと２年で国債暴落、１ドル＝250円に!!』『東京は世界１バブル化する！』『株は２万2000円まで上昇し、その後大暴落する!?』『円もドルも紙キレに！　その時ノルウェークローネで資産を守れ』『あと２年』『円崩壊』『驚くべきヘッジファンドの世界』『いよいよ政府があなたの財産を奪いにやってくる!?』『2017年の衝撃〈上〉〈下〉』『ギリシャの次は日本だ！』『すさまじい時代〈上〉〈下〉』『世界恐慌前夜』（第二海援隊）など多数。

あなたの老後、もうありません！

2016年4月27日　初刷発行

著　者　浅井　隆
発行者　浅井　隆
発行所　株式会社　第二海援隊
〒101-0062
東京都千代田区神田駿河台２-５-１　住友不動産御茶ノ水ファーストビル８Ｆ
電話番号　03-3291-1821　　FAX番号　03-3291-1820

印刷・製本／株式会社シナノ

　ISBN978-4-86335-169-1

第二海援隊発足にあたって

日本は今、重大な転換期にさしかかっています。にもかかわらず、私たちはこの極東の島国の上で独りよがりのパラダイムにどっぷり浸かって、まだ太平の世を謳歌しています。

しかし、世界はもう動き始めています。その意味で、現在の日本はあまりにも「幕末」に似ているのです。ただ、今の日本人には幕末の日本人と比べて、決定的に欠けているものがあります。それこそ、志と理念です。現在の日本は世界一の債権大国（＝金持ち国家）に登り詰めはしましたが、人間の志と資質という点では、貧弱な国家になりはててしまいました。それこそが、最大の危機といえるかもしれません。

そこで私は「二十一世紀の海援隊」の必要性を是非提唱したいのです。今日本に必要なのは、技術でも資本でもありません。志をもって大変革を遂げることのできる人物と、それを支える情報です。まさに、情報こそ〝力〟なのです。そこで私は本物の情報を発信するための「総合情報商社」および「出版社」こそ、今の日本にもっとも必要と気付き、自らそれを興そうと決心したのです。

しかし、私一人の力では微力です。是非皆様の力をお貸しいただき、二十一世紀の日本のために少しでも前進できますようご支援、ご協力をお願い申し上げる次第です。

浅井　隆